幼儿园区域活动指导丛书

幼儿园区域创设与活动指导
语　言　区

沈　敏　贝勤英　王　婷　翟琳琳　著

苏州大学出版社

图书在版编目(CIP)数据

幼儿园区域创设与活动指导. 语言区 / 沈敏等著. 苏州 : 苏州大学出版社, 2024. 9. -- (幼儿园区域活动指导丛书 / 张晗, 王亚红主编). -- ISBN 978-7-5672-4876-2

Ⅰ. G612

中国国家版本馆 CIP 数据核字第 202470FX90 号

You'eryuan Quyu Chuangshe Yu Huodong Zhidao: Yuyan Qu

书　　名: 幼儿园区域创设与活动指导: 语言区
著　　者: 沈　敏　贝勤英　王　婷　翟琳琳

责任编辑: 施小占
装帧设计: 吴　钰

出版发行: 苏州大学出版社(Soochow University Press)
社　　址: 苏州市十梓街1号　**邮编**: 215006
印　　装: 苏州市越洋印刷有限公司
网　　址: http://www.sudapress.com
邮购热线: 0512-67480030
销售热线: 0512-67481020

开　　本: 787 mm×1 092 mm　1/16　**印张**: 10.75　**字数**: 217 千
版　　次: 2024 年 9 月第 1 版
印　　次: 2024 年 9 月第 1 次印刷
书　　号: ISBN 978-7-5672-4876-2
定　　价: 45.00 元

总 序

在推进课程游戏化项目的过程中，江苏省教育厅强化了几项基本任务，其中就有深入开展区域活动。区域活动对幼儿园课程的实施来说，是基本的和重要的途径。但在十多年前，这一点并没有得到充分认可。课程游戏化让很多教师认识到区域在课程实施中扮演了重要的角色，组织多样化的区域活动是课程游戏化项目重点关注的工作内容。区域是一种非全班性的组织方式，有助于减少对全班集体活动的依赖，有助于推进儿童的小组学习、个别学习，有助于儿童的自主游戏，也有助于满足不同儿童的活动需要。很难想象，没有区域活动的开展，幼儿园如何注重个体差异，实现真正有效的因材施教。因此，区域活动是有助于儿童获得多样化经验，能够顾及儿童个体需要的适合幼儿园课程实施的活动形式，现在已经成为很多幼儿园课程实施的重要途径。

这里所说的“区域”是对班级室内或走廊环境以及场地环境的一种分隔，区域分隔主要是从活动和功能的意义上说的，而不只是从空间意义上说的。不同区域的材料不同、活动不同，能满足儿童不同的需要，能让儿童获得不同的经验，因此区域具有多样性和可选择性。多样性意味着除了一些基本的区域，班级还可以根据课程的需要尤其是儿童的需要，创设新的区域，体现了课程的灵活性和适应性。可选择性意味着儿童的自主性，儿童的需要得到了关照和满足，关注每一个儿童的发展需要就成为了可能。

区域活动作为幼儿园课程的主要实施途径，它包含了空间、时间、材料、儿童等要素，不同的儿童会在同一个区域中开展不同的活动。空间、时间、材料等适合儿童，活动就可能顺利开展，儿童就可能获得经验；反之，儿童就可能没有兴趣，活动就难以开展。课程游戏化项目推进的过程中，要努力引导教师研究儿童，研究材料，研究适宜的时间和空间，要努力让区域发挥应有的作用。

区域活动中，教师应注重观察、适当介入、有效指导，为幼儿的主动发展提供条件。教师如放任不管、过于随意，就不可能引发幼儿的深层学习，不可能让幼儿不断面临挑战，也不可能让幼儿形成新的经验。创设丰富多元、灵活适宜的活动区域是幼儿园开展区域活动的基本条件和必要前提。对于幼儿园来说，区域如何规划，是因园、因班而异的，是与幼儿园、班级实际空间、幼儿数量等都密切相关的，甚至不同的季节、不同的天气、不同的主题及幼儿的兴致都可能影响区域的安排。区域规划要有利于幼儿的活动，要符合幼儿身心发展规律和学习特点，有利于幼儿经验的获得。区域的规划应注重多样性、互补性、互动性和发展性。不同的区域有不同的活动和任务，性质也可能各异，不是所有的区域都具有完全相同的功能，但不同区域之间可以进行协调和互动。对区域活动而言，有些区域可能自发性和游戏性更强一些，有些区域可能目的性和探究性更强一些。在区域规划时，一定要将幼儿游戏兴趣与发展需要作为区域设置的重要依据，既确保幼儿的自由游戏时间和空间，又确保幼儿经验的有效发展。

幼儿是在行动中学习的，幼儿与周围环境，尤其是与材料的相互作用，是幼儿获得经验的重要途径。区域活动中教师要研究每一种资源的功能，研究不同资源之间的协同和配合，最大限度地发挥资源的教育价值。要根据幼儿的兴趣和需要，组织和改造资源，将基本资源和辅助资源有机结合起来。要从幼儿的年龄特点出发，确保活动资源的可选择性、可获得性、适宜性和挑战性，要真正满足幼儿活动的需要，促进幼儿持续的学习。要深入关注幼儿利用资源进行互动的过程，发现问题，加强指导，使资源在活动的过程中真正转化为幼儿的经验。

“幼儿园区域活动指导丛书”的作者就是基于以上思考，依托江苏省“双师型”名师工作室与江苏省高校“青蓝工程”优秀教学团队的力量，立足幼儿园区域创设与活动实施中的真实问题，在《幼儿园工作规程》《3—6 岁儿童学习与发展指南》《幼儿园保育教育质量评估指南》等文件精神引领下，基于“经验视野下幼儿园区域创设与活动指导”的科学观念与实践策略，对生活区、语言区、角色区、科学区、数学区、建构区、美工区、公共区域等八个不同区域进行系统的研究和总结，凸显了丛书的全面性与引领性。此套丛书既有理论思考，又有实践关怀，让我们看到了幼儿园区域活动的独特魅力与丰富价值。

期待该丛书能为更多幼儿园区域规划、环境创设、活动实施提供有益的借鉴与指导，更好地实现幼儿个性化全面发展的需要，为学前教育高质量发展贡献力量。

虞永平

2024 年 8 月

丛书前言

区域活动是江苏省幼儿园课程游戏化项目的主要建设内容，也是课程游戏化项目推进中的一个难点。苏州市吴江区作为江苏省幼儿园课程游戏化项目区域推进的先行者之一，多年来在区教育局、教研室以及高校专家的引领下，持续深入地对室内区域环境创设与活动指导进行研究探索、反思优化，已形成了相对成熟的理论架构与实践经验，现将实践成果凝练成文并出版，以期与所有幼教同仁共同研讨。

1. 区域活动是践行“游戏是幼儿园基本活动”理念的重要途径

2001 年，教育部颁印的《幼儿园教育指导纲要（试行）》指出，“尊重幼儿身心发展的规律和学习特点，以游戏为基本活动”，“幼儿园应为幼儿提供健康、丰富的生活和活动环境，满足他们多方面发展的需要，使他们在快乐的童年生活中获得有益于身心发展的经验”。基于幼儿经验全面发展需要，创设种类多样、数量丰富的区域，投放充足、适宜的区域材料，可满足幼儿通过“直接感知、实际操作、亲身体验”获取经验的需要。

2. 区域活动是克服幼儿园“小学化”现象的重要策略

2011 年，《教育部关于规范幼儿园保育教育工作　防止和纠正“小学化”现象的通知》指出，“创设适宜幼儿发展的良好条件，整治‘小学化’教育环境。幼儿园要创设多种区域活动空间，配备丰富的玩具、游戏材料和幼儿读物，为幼儿自主游戏和学习探索提供机会和条件”。2018 年，《教育部办公厅关于开展幼儿园“小学化”专项治理工作的通知》提出，“对于未按规定创设多种活动区域（区角），未提供充足的玩教具、游戏材料和图书，缺乏激发幼儿探究兴趣、强健体魄、自主游戏的教育环境的，要调整幼儿园活动区域设置，合理利用室内外环境，创设开放的、多样的区域活动空间，并配备必要的符合幼儿年龄特点的玩教具、游戏材料、图画书”。

3. 区域活动是落实江苏省幼儿园课程游戏化精神的重要内容

2014 年，江苏省教育厅、财政厅《关于开展幼儿园课程游戏化建设的通知》指出，“构建游戏化活动区域。以尊重幼儿兴趣爱好、激发幼儿自主活动为宗旨，根据课程实施进展情况，创建数量充足、种类多样、材料丰富、与幼儿发展相适宜的游戏区域。区域活动中教师注重观察、适当介入、有效指导，为幼儿主动发展提供条件保障”。作为课程游戏化实施的重要载体，不同种类、不同难度的区域活动为幼儿提供了丰富的内容选择与广阔的挑战空间，激发了幼儿的活动兴趣与探索欲望，促进幼儿积极建构新经验，极大地转变了以“端坐静听”为主的教学方式。

4. 区域活动是实现学前教育高质量发展的重要举措

2023 年 7 月，《教育部 国家发展改革委 财政部关于实施新时代基础教育扩优提质行动计划的意见》明确要求，“加快构建幼有优育、学有优教的高质量基础教育体系”。高质量学前教育的核心在于实现每位幼儿在自己原有基础上的最优发展，即个性的全面发展。教育部《幼儿园工作规程》提出，“幼儿园应当根据幼儿的年龄特点指导游戏，鼓励和支持幼儿根据自身兴趣、需要和经验水平，自主选择游戏内容、游戏材料和伙伴，使幼儿在游戏过程中获得积极的情绪情感，促进幼儿能力和个性的全面发展”。

本套丛书共分 9 册：《经验视野下幼儿园区域创设与活动指导》《幼儿园区域创设与活动指导：生活区》《幼儿园区域创设与活动指导：语言区》《幼儿园区域创设与活动指导：角色区》《幼儿园区域创设与活动指导：科学区》《幼儿园区域创设与活动指导：数学区》《幼儿园区域创设与活动指导：建构区》《幼儿园区域创设与活动指导：美工区》《在同构、互融中共生——幼儿园公共区域创设与活动指导》。全套书由总到分，系统涵盖幼儿园主要区域类型，指向幼儿经验全面发展需要。当然，本套丛书也是一个开放的体系，后续的音乐区等相关区域如有好的探索成果，我们会继续丰富。

本套丛书的每一分册都从一个区域的研究现状与趋势出发，链接《3—6 岁儿童学习与发展指南》，从核心价值与联动价值两个方面分析区域活动经验价值；基于区域价值的实现进行区域创设，包括空间规划、环境创设、材料投放、规则与标识创设等；在区域创设的基础上，放手让幼儿自主活动，教师进行观察、倾听，适时、适宜地进行区域活动的指导；探索不同区域之间、区域活动与其他活动之间的有机联系、相互渗透的路径与方法。本套丛书将理论与实践有机结合，注重案例启发，对开展幼儿园区域活动有较好的借鉴意义。每册书图文并茂，区域创设、活动指导的路径与策略通俗易懂，旨在为幼儿园教师提供全面、实用的指导方案。

本套丛书的顺利出版得益于江苏省“双师型”名师工作室和江苏省高校“青蓝工程”优秀教学团队的资助，得益于苏州幼儿师范高等专科学校、吴江区教育局的大力支持。本套丛书是全体作者共同努力的成果，编写时借鉴、参考了国内外已有的研究成果，在此向一路上给予支持与帮助的领导、前辈和同行表示由衷的感谢！

本套丛书参与者较多，尽管每个人都尽了很大努力，由于研究能力所限，丛书内容尚未完全达到理想的状态，难免存在错误、缺漏和不当之处，敬请广大读者批评指正！

张　晗　王亚红

2024 年 8 月

前言

本书在苏州幼儿师范高等专科学校张晗教授多年伴随式指导下，通过苏州市吴江经济技术开发区天和幼儿园和吴江区震泽幼儿园教师们的长期探索与深入实践，在明晰幼儿园语言区内涵及其价值的基础上，将理论引领、经验总结与案例分析相结合，重点阐述语言区空间规划、环境创设、规则与标识、材料投放、活动实施与指导，以及语言区活动与其他活动的融合等内容。全书涵盖了小、中、大班各年龄段语言区创设与活动指导各内容，能为幼儿园教师及高等院校学前教育专业开展语言区研究与实践提供借鉴与参照。

本书共分为七章：语言区概述、语言区经验价值分析、语言区空间规划与环境创设、语言区规则与标识、语言区材料投放、语言区活动实施与指导以及语言区活动与其他活动的融合。

本书具有以下三个特点：

一是普适性。本书对大、中、小班三个年龄段语言区价值、要求等进行了详细阐述，是一本适用于学前教育研究者和工作者的理实结合的教学参考书。

二是实践性。本书中梳理的语言区经验均来自一线教师的日常教育实践，可以为同行提供范例和借鉴。

三是可读性。本书语言文字浅显易懂，便于读者理解和把握各项目的核心内容。

本书集结了一线教师的实践经验，凝聚了他们的心血，历经多次修改与完善，但由于作者水平有限，书中难免存在许多不足之处，敬请广大幼教同行、读者批评指正！

目　录

第一章 寻根觅源 知常达变

——语言区概述

本章简介

幼儿园语言区活动以培养幼儿语言能力为主要目的，具有目标的潜在性、环境创设的全语言性、类型的多样性和过程的互动性等特征。语言区活动能够促进幼儿倾听与表达能力的发展和前书写能力的发展，使幼儿养成良好的语言行为习惯。

思维导图

- 语言区概述
  - 幼儿园语言区的内涵与价值
    - 语言区的内涵
    - 语言区的价值
  - 幼儿园语言区研究现状
    - 国内研究现状
    - 国外研究现状

第一节　幼儿园语言区的内涵与价值

语言既是人类交流信息和表达情感的媒介，也是人类认识世界的工具。幼儿时期不仅是幼儿发展的关键时期，还是幼儿习得语言的黄金时期。幼儿语言教育作为幼儿教育的重要组成部分，是幼儿园教育的核心内容之一。幼儿园语言区作为儿童早期教育的重要组成部分，以其全语言的环境创设、多样性的区域类型等特征，在促进幼儿倾听与表达、阅读能力培养、前书写能力发展、语言行为习惯养成及社会性交往等方面具有十分积极的作用。

一、语言区的内涵

（一）语言区的概念

目前，学术界对于幼儿园语言区的概念依然缺乏一个明确的界定。但是现实中，语言区的活动开展都以培养幼儿的语言能力作为主要目的，且语言区的环境创设及材料设置都是能够利于幼儿语言能力培养的。本书将语言区界定为幼儿园教师根据幼儿语言教育目标、幼儿感兴趣的语言活动材料及活动类型，有目的、有计划地创设的幼儿语言学习环境，这个环境空间相对划分为不同语言学习区域，以促进幼儿与材料、环境、同伴的充分互动，提升幼儿听、说、读、写（前书写）等语言综合能力。语言区活动的类型比较多，有图书活动、故事表演活动、视听活动等，通过这些活动促进幼儿语言能力的发展。

（二）语言区的特征

1. 活动目标的潜在性特征

幼儿的成长无时无刻不与语言有关，而语言就渗透在幼儿园日常活动的方方面面。幼儿园语言区活动的目标往往是根据各年龄段语言领域的学期目标或阶段目标来制定的，相对于主题活动而言，语言区的目标更宽泛、笼统些，并不强调一次活动就要达成哪一方面的明确目标，一般需要其他与语言相关的活动互动的过程，并通过多次、多样的活动才能达成。在这一过程中，教师还要根据幼儿的认知水平和发展需要，不断地调整目标和材料投放策略，使语言区活动的开展能更好地贴近幼儿的语言能力发展水平，这体现了语言区活动目标方面的潜在性特征。

2. 环境创设的全语言性特征

根据全语言理论，提供给学习者的语言学习内容要满足学习者更好生活的需要，而不能为了达到某种其他的目的而忽视语言学习的现实意义。因此，在进行语言区环境创设时，要注意与幼儿的实际生活经验相联系，环境创设的视角以幼儿为主，从幼儿的经验和兴趣出发。

全语言性要求语言区在进行环境创设时要考虑到幼儿语言学习的整体性，即语言区的活动与各领域之间的活动是相互联系的，没有绝对的界限，语言区的创设不仅要考虑本区域幼儿的活动，还要考虑与其他区域在语言上相互联系。

3. 活动类型的多样性特征

语言区不同的区角活动促进了幼儿某一方面能力的发展，因此也就决定了活动类型的多样性。幼儿园语言区区角活动一般有两种类型，一种是全园性的语言类专用活动室（如阅览室等），另一种是班级的语言活动区域（包括阅读区、情境表演区、桌面语言类游戏区等）。个体的语言活动与富有情趣的集体教学的语言活动相对应，帮助幼儿全面发展语言能力。

4. 活动过程的互动性特征

皮亚杰指出：幼儿认知发展不是内部成熟与外部教学所支配的，它是一个主动积极建构，与外界互动的过程。幼儿在语言区的活动属于个别化的学习活动，更注重幼儿自主活动探究和合作探究的互动学习。在语言区中，幼儿根据自身已有的经验与环境产生互动，自主选择活动内容、活动方式及合作伙伴。其过程互动分为两种：一是幼儿与物质环境的互动，包括幼儿在阅读区与阅读材料的互动、表演区与表演道具的互动等；二是幼儿与同伴的互动，即幼儿在进行阅读、表演时与其他幼儿的互动。这些互动有利于发挥活动的自主性，使尊重幼儿个体差异落到实处。

二、语言区的价值

（一）促进幼儿倾听与表达能力的发展

语言区活动通过实施的各个环节为幼儿创造交流的机会，激发幼儿表达的积极性，尤其是在交流讨论中，幼儿利用在游戏中获得的丰富经验，促进新经验生长，因此幼儿想说并且有话可说，语言表达的主动性得到了发展。在小组讨论环节，教师给予幼儿同伴交流的机会，幼儿之间的思维模式相近，更能够相互理解和沟通，在自由开放的氛围中，幼儿的表达更具有创造性。分享交流给了幼儿表达的机会，让幼儿将在游戏中获得的丰富经验及快乐体验积极并富有创造性地表达出来，促进其语言表达能力的发展。另外，幼儿在分享交流时同样也接受同伴提供的信息，尤其是同组游戏的同伴对游戏内容的补充，幼儿需要集中注意力去听，才能接受这种补充信息，幼儿在这种相互获取信息的过程中，倾听能力就得到了发展。

（二）养成幼儿良好的阅读能力和阅读习惯

自主阅读是幼儿形成良好学习品质的有效途径。不同区角中的阅读材料，可以是幼儿园提供的，也可以是幼儿从家里带来的，这些幼儿喜闻乐见的阅读材料为幼儿的自主阅读提供了很好的物质环境，幼儿会自觉、自主地选择自己感兴趣的图书进行阅读、探索、体验，学习基本的阅读技能，引发对阅读和书写的兴趣。

（三）促进幼儿前书写能力的发展

在语言区活动中，游戏故事绘制是幼儿用图形符号的形式将自己的游戏过程及体验表征出来的过程，是叙事性绘画的过程。在幼儿前书写动作方面，绘画能够锻炼幼儿的手部肌肉群；在前书写方位知觉方面，大班幼儿已经具有一定的空间意识，在绘制游戏故事时，他们会用自己的理解表达事物的空间方位关系；在书写习惯上，教师的辅助文字记录能够为幼儿提供正确的示范。幼儿自己绘制的游戏故事作品更真实地表现了幼儿对游戏过程的认知，幼儿结合同伴对游戏故事的讲述能够逐渐理解游戏故事中对于颜色、线条的运用，理解大小、形状的关系，理解同伴作品中的思想及同伴想表达的认知与情感，培养对画面语言解读的能力，使其阅读能力得到一定的发展。

（四）养成幼儿良好的语言行为习惯

在语言区活动中，良好的倾听与表达习惯能够帮助幼儿养成良好的语言行为习惯。幼儿的游戏故事作品是双方或三方沟通的媒介，在语言区活动中要尊重幼儿的主体性，让幼儿创造自己的游戏情境，更多地接触事实，从而更多地表达事实。要让幼儿成为自己想法的主人，按自己的想法进行游戏，这样他才能更好地将自己的想法表达出来。如果教师在这一环节过分干涉，一些幼儿的想法容易被教师否定或无人倾听，或者没有发言的机会，更无验证自己想法的机会，这对于养成良好的语言行为习惯是不利的。幼儿在自主游戏中产生不同意见或遇到困难时，教师应给予幼儿时间和空间，让他们自主协商解决问题，在协商的过程中，他们不仅能发表自己的意见，还能够学习倾听他人的意见，从而发展良好的倾听与表达习惯。

（五）促进幼儿社会性交往的发展

幼儿在语言区参与图书排列、整理、收拾和修补等活动，培养了他们的秩序感、自理能力、合作精神和责任感。他们在参与图书排列、整理的过程中逐渐意识到自己的行为对环境的影响，从而增强了责任感。他们在收拾语言区的过程中学会了相互协助，合作意识在共同完成任务中得到了提升，分享和互助成为了他们的习惯。而当他们拿起胶带和剪刀修补破损的图书时，爱心和责任感在他们的心中生根发芽。这些看似简单的语言区活动，实则是幼儿社会化进程中的重要环节，为其未来的成长和发展奠定了坚实的社会基础。

第二节　幼儿园语言区研究现状

一、国内研究现状

“区域活动”这一概念20世纪70年代才被引入我国。本书的区域活动是指幼儿在特定的区域内与区域环境互动并获得发展的活动。经过了多年的发展，区域活动的类型越来越丰富，范围也越来越大。语言发展是幼儿成长的重要环节，越来越多的幼儿园开始创设语言区等区域，以开展相关活动，而与之有关的研究也越来越多，成果也越来越丰富，很多学者针对幼儿园语言区的相关问题从多个角度出发进行了研究。具体来看，主要包括以下两个方面。

（一）语言区创设及活动开展的重要性研究

多数学者认为，幼儿园创设语言区并开展语言区活动，对幼儿的身心健康发展有着重要影响。线亚威和李云翔指出，语言区作为幼儿园活动区中重要的类型，可以帮助幼儿实现语言能力的培养，还可以促进他们的社会性发展。[1] 汪丽指出，语言区活动可以帮助幼儿教师更好地走进幼儿的内心世界，了解他们的情绪，并对他们做出正确的引导，帮助他们形成良好的性格，建立正确的价值观。[2] 蒋俏钰认为，幼儿语言的发展贯穿于各个领域，也对其他领域的学习与发展有着重要的影响。大班幼儿前阅读能力的培养有多种途径，而语言区活动为幼儿创造了语言表达的环境，自由的活动方式与内容对幼儿的语言发展是有促进作用的，因此可以说语言区

[1] 线亚威，李云翔. 幼儿园活动区课程实施指南［M］. 北京：高等教育出版社，2011.
[2] 汪丽. 田野课程：架构与实施［M］. 南京：南京师范大学出版社，2008.

就是培养大班幼儿前阅读能力的途径之一。[1]

从这些学者的论点中可以看出，幼儿园创设语言区并开展语言区活动，对幼儿身心健康发展所带来的积极影响是全方位的，能够为幼儿语言能力、人际交往能力、思维能力等综合能力的培养带来帮助。

（二）语言区创设及活动开展的策略性研究

在语言区的创设及语言区活动的开展策略研究方面，蔡珂馨、王小英结合具体的语言区活动案例进行分析，指出幼儿园语言区活动的开展需要将游戏意识融入其中，实现游戏化，以此激发幼儿的兴趣。[2] 线亚威和李云翔指出，幼儿园在开展语言区活动前，需要进行规划，结合不同班级幼儿的特点，选择合适的投放材料和活动模式。[3] 谢小英指出，语言活动不是独立的活动，它具有持续性和连贯性，因此幼儿园大班教师需要在不同的阶段采取不一样的策略。例如，可以开展“自主选择，自由阅读”“自由制作，放飞个性”“家园合作，制作小书”“小书分享，共享喜悦”“快乐创作，自如分享”这五个阶段的活动，培养幼儿的语言表达能力，为幼儿全面健康发展奠定良好基础。[4] 陈艳彬指出，在创设语言区时，可以结合活动主题，创设一种“戏剧主题式”的语言区，并及时进行改变，以此激发幼儿的兴趣，让幼儿在一个更加有趣、真实的环境中开展语言区活动。[5] 扎西拉措认为，投放阅读材料并引导幼儿进行阅读是语言区活动中最为常见的类型，而在进行阅读材料的选择时，则需要“包罗万象”，选择不同材质、内容的书籍，激发幼儿的阅读兴趣。[6]

总体来看，目前国内学者关于语言区的创设及语言区活动的开展策略的研究视角也比较多，另一些学者还提出了将电子信息技术运用到语言区活动的开展中，以此丰富活动的内容，更好地激发幼儿的兴趣。

二、国外研究现状

1907 年，意大利著名教育家蒙台梭利在意大利罗马贫民区创办了一个学前教育机构“儿童之家”，并以此作为实验基地，进行了 5 年的幼儿教育实验。随着“区域活动”这一概念在国外逐渐兴起，很多幼儿教育机构开始开展各种类型的区域活

[1] 蒋俏钰. 语言区活动中培养大班幼儿前阅读能力的尝试 [J]. 真情，2021 (4)：22.

[2] 蔡琦馨，王小英. 区域活动与幼儿成长 [M]. 长春：东北师范大学出版社，2010.

[3] 线亚威，李云翔. 幼儿园活动区课程实施指南 [M]. 北京：高等教育出版社，2011.

[4] 谢小英. 大班区域活动的推进式开展：以大班语言区为例 [J]. 亚太教育，2021 (6)：89-90.

[5] 陈艳彬. 让幼儿在戏剧主题式的语言区活动中学习与发展 [J]. 当代家庭教育，2019 (11)：48.

[6] 扎西拉措. 如何利用区角活动提高幼儿的语言表达能力 [C]. 2020 年中小学素质教育创新研究大会论文集，2020.

动，对幼儿园语言区方面的研究也越来越多。以"Language area"作为关键词，在知网等学术网站进行检索后，可以发现目前国外关于幼儿园语言区的研究主要集中在语言区教育功能的研究和关于语言区创设及语言区活动组织策略的研究。

1. 语言区教育功能的研究

在语言区教育功能的研究方面，L. Zl 认为，区域活动是幼儿教育环境中不可缺少的部分，语言区的设置不仅可以营造一种良好的环境，吸引幼儿进行阅读和交流，还可以让幼儿在区域活动中实现社会性发展。[1] T. Y 认为，幼儿的语言能力是在交流和运用的过程中发展起来的，语言区能够为幼儿创设自由、宽松的语言交往环境，提高幼儿的语言交往能力。而开展丰富的语言区活动能为幼儿提供丰富、适宜的语言表达机会，发展其语言表达能力。[2]

可见，国外学者对语言区的教育功能做出了肯定，认为语言区既可以培养幼儿的语言表达能力，还可以培养他们的社会性能力。

2. 语言区创设及语言区活动组织策略的研究

在语言区创设及语言区活动组织策略的研究方面，Bayberry 认为，在创设语言区时，需要让语言区变成幼儿乐玩爱玩的活动区域。同时，教师还需要随时关注不同幼儿的活动情况，适时介入，调整和更新区域材料。[3] J. Nouri 指出，游戏是幼儿的基本活动，语言区游戏不仅为他们提供了动手操作的机会，而且在区角活动操作与交流中能促进其语言的发展。然而，很多幼儿园的语言区往往存在着环境封闭、材料变化少、活动形式单一、活动内容贫乏的通病。因此，幼儿园在开展语言区游戏时，需要将园内的走廊等地方都纳入语言区范围，同时结合幼儿的需要，及时地更换投放材料，变化活动形式与内容。[4] GR. Jahed 指出，语言区活动开展前，需要围绕幼儿主体性作用的发展设置目标，根据幼儿的个体差异，投放纸张、橡皮泥、油画棒、剪刀、浆糊等材料，让幼儿根据自己的能力、兴趣自由选择，同时要帮助幼儿做好进区计划，适时提供帮助与指导，促进幼儿独立性与创造性的发展。[5]

---

[1] L. Zl. Discussion on the setting and educational function of language activity area [J]. Preschool Education: Preschool Education Edition, 2014 (11): 2.

[2] T. Y. On the influence of regional activities on children's language ability [J]. Asia Pacific Education, 2017 (2): 45.

[3] Bayberry. Create interesting large class language regional activities [J]. The Road to Success in Composition: Research on Education and Teaching (Part 2), 2018 (11): 88.

[4] J. Nouri. Organization strategy of language area activities [J]. Preschool Curriculum Research, 2019 (4): 2.

[5] GR. Jahed. On how to use regional corner activities to develop children's language ability [J]. Arts and Science Navigation (Educational Research and Practice), 2019 (4): 144.

第二章 价值引领 有的放矢

——语言区经验价值分析

本章简介

语言区活动是3—6岁儿童语言学习的重要形式之一，存在于不同层次的幼儿园的不同年级中，其作用不言而喻。本章通过幼儿园语言区的真实案例，分别分析了小、中、大班语言区的核心价值与联动价值。

思维导图

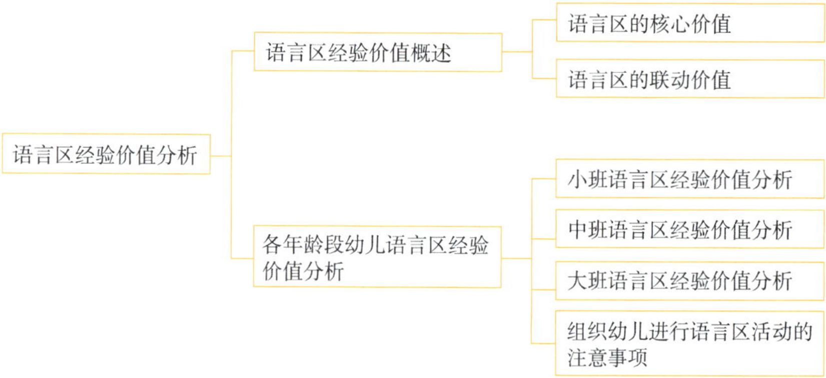

第一节 语言区经验价值概述

语言区是当前教师培养幼儿语言能力、提升幼儿语言素养的一种主要教学手段，其独特的价值也越来越受到重视。对幼儿来说，他们的语言学习不光是听、说、写、读的能力，更多的要实实在在地通过交流、实践获得，在与人、环境的相互作用中感知问题、发现问题、解决问题，从而获得属于自己的初始语言经验，进而转化为理论知识。然而经验是什么？它有价值判断标准吗？杜威、皮亚杰都是经验主义者，他们认为儿童首先是有了经验，以后才建立起知识体系。陈鹤琴先生的“五指课程”理论中认为，所有的生活经历都可以成为幼儿教育的经验。《3—6 岁儿童学习与发展指南》（以下简称《指南》）把“经验”确立为幼儿课程的主要内容。我们对语言区学习体系的建设自然也要从经验开始。经过大量的文献分析与实践研究，我们认为幼儿语言区的经验价值有一定的范畴和内涵，具体体现在核心价值和联动价值两个方面。

一、语言区的核心价值

语言区的核心价值是指自身所具有的最本质、最关键、区别于其他活动区特性的价值，主要指培养幼儿倾听、表达、阅读、书写等能力。

（一）口头语言：倾听与表达

1. 倾听理解

倾听是感知语言的行为表现，也是理解语言的重要途径。只有懂得倾听、乐于倾听并且善于倾听的人，才能真正理解语言的内容。良好倾听习惯的养成是从学前阶段开始的，因此就幼儿语言学习和发展而言，倾听是不可缺少的一种行为能力。结合教育部《指南》，我们得出了小、中、大三个年龄段倾听理解方面的核心价值，分别为：

（1）3—4 岁幼儿在别人与自己说话时，能够注意听别人的话，并做出相应的回应，且能够听懂日常会话，愿意倾听他人讲述的故事或所见所闻。

（2）4—5 岁幼儿在群体中能有意识地听与自己有关的信息，在倾听中感知和理解说话者语言中的细微变化，能结合情景感受不同语气、语调所表达的不同意思。

（3）5—6 岁幼儿在倾听的过程中，有听不懂或有疑问的地方能进行主动提问，在倾听他人讲述时会注意倾听其讲述的方法，如举例、分类、打比方等。

【案例】 日常话题：秋天的树叶

幼 1：这个星期我去了天平山，我看到了红红的枫叶。

幼 2：这个星期我也出去玩了，不过我没有去很远的地方，我去运动公园搭了帐篷，那里也有很多好看的树叶，我还捡了回来。

幼 3：我去了动物园，那里除了动物，也有好看的树叶，这些树叶有些上次老师还给我们讲过。

幼 4：我也去运动公园搭帐篷了，妈妈说这也叫秋游……

【案例分析】

这个话题是由一位幼儿围绕秋天的树叶，引发了其他孩子的共鸣，这也就是典型的日常生活中能注意倾听他人的话，并做出回应。案例中其实就是日常生活中围绕某一话题而产生谈话的兴趣，因为这个话题与幼儿近日的生活有关，可能是大家共同经历的事情，所以会让幼儿产生交流和分享的愿望，也成为了有趣的中心话题。

2. 语言表达

语言表达是以一定的语言内容、语言形式及语言运用方式进行交流的行为，是幼儿园语言学习与发展的主要表现之一。儿童语言研究早已告诉我们，只有懂得语言表达的作用，愿意向别人表达自己的见解，并且能够清楚地表达的人才能真正与人进行交流。结合《指南》，我们得出了小、中、大三个年龄段语言表达方面的核心价值，分别为：

（1）3—4 岁幼儿能在熟悉的人面前说话，能大方地与人打招呼，在成人引导下，能够围绕主题谈话，会用短句提问和表达自己的意思。

（2）4—5 岁幼儿能基本完整地讲述自己的所见所闻和经历的事情，讲述时语言比较连贯。

（3）5—6 岁幼儿能有序、连贯、准确地介绍自己熟悉的事物，在讲述时能使用常见的形容词、同义词等，在讲述时语言生动、有趣。

【案例】 话题与语言使用的连贯性

师："这张图片上有谁？"

幼："小老鼠、大狮子。"

师："你觉得这些小动物会干什么？"

幼："躲猫猫。"

【案例分析】

在平时的一些谈话活动或简短的语言活动中，幼儿针对问题总会使用一些简短的词，如这个案例中"小老鼠、躲猫猫"等，如果针对小班的幼儿来说，教师一味强调要用"我觉得小动物会躲猫猫"这些完整句式，那么小班幼儿除了不会也可能没有兴趣再进行交谈。所以在一些谈话类的活动中并不能锻炼幼儿准确使用语言的能力。

与谈话经验不同的是，在讲述过程中，幼儿需要面向集体使用相对正式的语言进行清晰、连贯的表达。例如，《蚂蚁的一天》。

【案例】 相对正式的语言：蚂蚁的一天

缇娜每天都要去工作，和她的小伙伴们一样，可是，今天缇娜还是不想工作，想躲避她的小伙伴们。走着、走着，她看见了一棵高高的大树，于是，她爬上了高高的大树，可是，没过一会儿，她的小伙伴们又都跟来了。于是缇娜继续往前走，走着走着，缇娜看到了一堆灌木丛，于是她爬了进去，可是，没过多久，她的小伙伴们又来了，她郁闷地从灌木丛中爬了出来，大喊着："我还是继续去工作吧！"

【案例分析】

这个案例是某一位幼儿根据绘本《蚂蚁的一天》进行改编的不同情节，在这里我们可以看出其讲述的内容已经具备了故事雏形，有事件起因、人物、故事发展的情节和结局，从"走着、走着、于是、可是、郁闷"等词可以看出幼儿能使用常见的词语，讲述时生动、有趣。

因此我们可以看出相对正式的语言有以下特点：第一，语言结构较为复杂，会使用常见的形容词、近义词等；第二，讲述的内容具有一定的逻辑性，前后语句有明显的关联性。

3. 语言文明习惯

良好的语言文明习惯是语言交往获得成功的前提，在幼儿语言学习与发展过程中，能够根据交往场合、交往对象的不同来组织语言，并且使用文明用语的语言交往能力，是他们需要在早期获得的非常重要的语言经验。结合《指南》，我们得出了小、中、大三个年龄段语言文明习惯方面的核心价值，分别为：

（1）3—4 岁幼儿能够使用恰当的礼貌用语并控制自己说话声音的大小，用自然、合适的声音说话。

（2）4—5 岁幼儿能在与他人交谈时，认真倾听，学习使用适当的、礼貌的语言交往并遵守集体生活的语言规则，不随意打断别人讲话。

（3）5—6 岁幼儿在谈话过程中，语言语气恰当并懂得按次序轮流讲话，不随意打断别人。

（二）书面语言：阅读与书写准备

1. 阅读兴趣

幼儿对书面语言的兴趣和知识，是通过自身的经验而建立起来的。在学前阶段，幼儿需要拥有自己的书，需要有自己随时可以取到翻阅的图书，需要有人给他们讲述和朗读书上的内容，还要有机会经常看到别人阅读，通过这样多种方式，建立幼儿阅读的兴趣。结合《指南》，我们得出了小、中、大三个年龄段阅读兴趣方面的核心价值，分别为：

（1）3—4 岁幼儿在空余时间会积极、主动地反复翻阅自己喜欢的图书并知道看书的基本方法，掌握基本的图画书翻阅规则，如正面翻阅、从前往后翻阅、一页一页翻阅。

（2）4—5 岁幼儿会经常翻阅自己喜欢或与成人共读过的图画书，并能专注地阅读，且能在教师的指示下根据图画书的封面或标记初步学习整理图画书。

（3）5—6 岁幼儿喜欢阅读不同类型、题材的图画书，养成每天阅读的习惯，并能较长时间专注地阅读，能掌握修补图书的不同方法，知道要爱护图书。

2. 阅读理解能力

阅读理解能力能够成就人的一生。美国俄亥俄州大学教授 McGee 就曾说过：

“培养阅读理解能力，是阅读的终极目标。”早期的阅读理解经验将为幼儿未来的阅读理解能力成长奠定扎实的基础。结合《指南》，我们得出了小、中、大三个年龄段阅读理解能力方面的核心价值，分别为：

（1）3—4 岁幼儿通过阅读封面初步了解图画书中的主角，并初步感知主角的动作和表情，会在成人的提示下做出与图画书主角相应的动作和表情，并能用简单口头语言来叙述图画书的内容。

（2）4—5 岁幼儿能主动观察图画书中主角或主要人物的动作及行动路径和方向，了解主角在干什么，能随着作品的展开产生喜悦、担忧等相应的情绪反应，体会作品所表达的情绪情感。

（3）5—6 岁幼儿在观察阅读图画书的封面时，会预测图画书的整体情节，会根据自己的经历和想法，仿编、创编图画书，对图画书所传递的主旨和含义进行初步的思考，表现出对作者意图的认同或质疑，并说明理由。

【教学活动】　　收集东西（大班语言）

活动目标：

1. 能运用多媒体技术欣赏散文诗的内容，感受散文诗的意境美。
2. 初步理解“收集”的含义，较连贯地表达自己的想法。
3. 能迁移自身的经验创编散文诗。

活动准备：

1. 电脑课件“收集东收集西”，电脑室，录音机，小夜曲磁带。
2. 图标一套、贺卡若干、黑板一块、笔、磁铁。

活动过程：

1. 展示课件开头，引导幼儿自己操作课件，初步感知散文诗的内容。（电脑配乐）

师：“我们每个人都有自己很喜欢的东西，你喜欢什么？你是怎么做的？”

师：“今天请小朋友们操作电脑欣赏一首散文诗，名字叫作《收集东收集西》，请你们仔细听听散文诗里说了些什么？只要你点击小图标就能知道。”（小灯泡不要点击）

2. 感受散文诗的优美和温馨，启发幼儿理解“收集”的含义。

（幼儿集中，准备贺卡）

师：“散文诗里说了些什么？你欣赏完这首散文诗后，心里有什么感觉？”

师：“散文诗里说了许多关于收集的事情，那什么是收集呢？收集是什么意思？（把许多自己喜欢的东西放在一起，并且非常爱惜地保存起来，叫作收集）”

3. 教师操作电脑进行广播教学，引导幼儿完整欣赏散文诗。（录音机配乐、幼儿集中广播教学）

师："老师请小朋友们再来完整地欣赏散文诗，一边听一边跟着念一念。"

4. 师生共同讨论散文诗的内容，启发幼儿通过操作电脑进一步感知散文诗的内容。（幼儿集中，广播教学）

师："散文诗里谁喜欢收集什么？哪个小朋友能用散文诗里的话告诉我们他为什么要收集这些东西？"（表扬会用散文诗里的话回答的孩子，重点讲述妈妈对宝宝的爱）

5. 幼儿再次操作电脑欣赏散文诗，进一步感受散文诗带来的温馨和快乐。（电脑配乐）

师："请小朋友们再去操作电脑欣赏散文诗，一边欣赏一边想想，如果你收集了这么多的东西，你的心里会有什么感觉？"

6. 学习迁移自身经验创编散文诗。

（1）幼儿互相讨论：

师："你喜欢收集什么东西？你还知道有谁喜欢收集东西？和你的好朋友说一说。"

（2）幼儿集体创编：教师根据幼儿情况出示图标，引导幼儿从人物、季节、自然界来创编，并用绘画的形式记录。（准备图标）

7. 幼儿集体朗诵创编的散文诗。（电脑配乐）

【教学分析】

作为一个语言活动，《收集东收集西》更关注幼儿心里的感受，教师引导幼儿从散文诗中的小姑娘、奶奶、清洁工、乌鸦、秋天、月亮、小河等角色中，感受收集带来的快乐和温馨；在欣赏散文诗的环节中，教师充分运用电脑课件的交互作用，让幼儿自己操作电脑感知散文诗的内容；同时，将理解"收集"的环节提前，便于幼儿更好地理解"收集"的含义，在创编散文诗的过程中，教师将语言和图示相结合，通过图示给幼儿引导和暗示，又通过语言发散幼儿的思维，引导幼儿联系自身的经验，大胆想象，创编散文诗，从而使幼儿积极参与到收集、整理物品的活动中，培养了幼儿爱护物品、珍惜物品的良好品质。

3. 早期文学活动

文学活动是以文学作品为基本内容而设计的语言教育活动，专门针对幼儿文学经验的学习。这类活动从一个具体的文学作品教学入手，围绕这个文学作品开展一系列相关活动，帮助幼儿理解文学作品所展示的丰富而有趣的生活，体会语言的美，为幼儿创设全面的语言学习条件。结合《指南》，我们得出了小、中、大三个年龄段早期文学活动方面的核心价值，分别为：

（1）3—4 岁幼儿能够感知儿歌的朗朗上口，喜欢跟读韵律感强的儿歌、童谣，能口齿清楚地说儿歌、童谣或复述简短的故事。

（2）4—5 岁幼儿知道文学作品语言与日常生活语言的不同，进一步感受文学作品的语言美，复述出文学作品中的主要情节，初步意识到故事发生的线索和前因后果。

（3）5—6 岁幼儿能初步理解文学作品的主题含义或意境，能较深刻地理解作者的基本态度及不同情景画面之间的联系与线索结构，能依据主题，初步编构一个新的文学作品，情节完整，内容、结构、主题合理，有逻辑性。

4. 早期书写行为

幼儿在阅读中萌发初步的书写意愿，他们能够通过观察和注意周围环境中的文字信息，逐步积累一些初步的书面语言知识，学习握笔、涂画和书写的基本方法。结合《指南》，我们得出了小、中、大三个年龄段早期书写行为方面的核心价值，分别为：

（1）3—4 岁幼儿以随意的涂鸦和线条“假装”书写，感知方块汉字的特点，并区别于图画。

（2）4—5 岁幼儿有初步的与纸笔互动的“书写”经验，有意识将自己的口语转化为绘画或“文字”，进行有意义的书写。

（3）5—6 岁幼儿能理解汉字之间的间隔，书写时能逐步统一字的大小，愿意用符号和图画等多种形式表现事物或故事的内容。

【案例】 蚕花节场地规划

幼儿园一年一度的蚕花节活动是一个关于空间方位的活动：孩子们最喜欢做的一件事情，就是自己规划布置场地。在某一届蚕花节活动中，孩子们想到除了现场规划，也可以用图画及符号的方式来绘画蚕花节的场地。

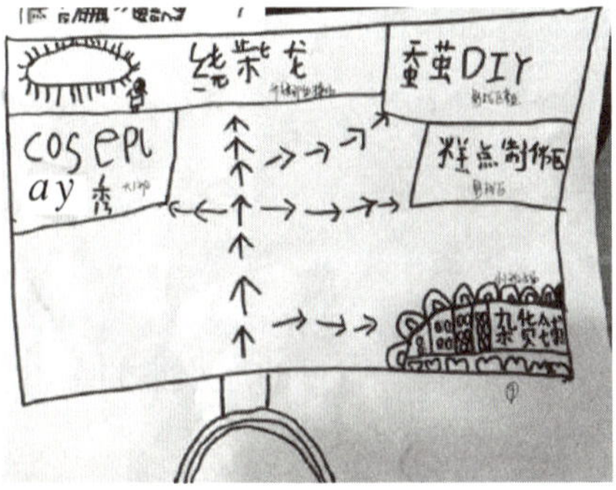

蚕花节场地 1

蚕花节场地 2

【案例分析】

我们可以看出大班的幼儿会用符号和图画来表达他们的想法，并且也可以看出早期书写行为。他们在书写时能够根据纸张及框的大小做到一定的间隔，书写时注意字体大小、美观。

在贯彻实施《指南》有关语言领域方面要求的时候，广大幼儿园教师在开设区域活动及日常生活时，需要认识理解有关语言区儿童学习与发展的核心价值，且进一步细化为日常开展教育工作的具体要求，从而不断提高幼儿语言发展水平。

二、语言区的联动价值

联动原意是指若干个相关联的事物，其中一个运动或变化时，其他的也跟着运动或变化，即联合行动。这里的联动价值则是语言区与其他各个游戏区域（如数学区、科学区、美工区等）之间，由于内在的联系而形成的相互影响、相互作用的联动作用过程。例如，在主题《美丽的秋天》里，幼儿在美工区用各种树叶、树枝、彩纸、彩绳、超轻黏土、盖子等制作了秋天的树林、各种各样的房子，他们将自己制作好的树林、房子放在了建构区做辅助材料，将制作好的手链、耳环等放在了理发店进行装饰和售卖，这样的一种物品的流动、人员之间的交流，就是区域之间的联动。下面通过一个语言区的案例来说明区域之间的联动。

【案例】　　木娃的博物馆

因为班级中的物品摆放非常凌乱，针对这种现象，老师特意在语言区投放了绘本《木娃的博物馆》，投放进去后，幼儿被绘本封面上各种各样的物品吸引了，每次进入语言区的幼儿都会翻阅这本书。绘本被很多人翻阅了，但幼儿学会整理的习惯并没有养成，因此老师在餐前阅读时间将绘本的内容进行了讲述，生成了下面关于收集的活动。

【教学活动】 收集那些事（大班社会）

活动目标：

1. 在交流和倾听中感受收集的意义，形成乐于收集、有目的地收集的意识。

2. 尝试制订收集计划，并积极表达个人的想法。

活动准备：

PPT 课件；《木娃的博物馆》绘本第 7—8 页复印件 12 张，记录纸，记号笔。

活动过程：

一、说说收集

1. 观看班级收集的物品照片，说说收集的物品及作用。

师：在参观你们班级的时候，老师拍了照片，这是你们收集的吗？用来干什么？

2. 讲讲身边收集的情况，初步感受收集物品种类和作用的多样。

师：除了这些，你还收集过什么？用来干什么？

分析：这一环节主要在交流中明确收集的多样性、收集的意义。

二、尝试制订并交流收集计划

1. 和同伴观察图片，说说“木娃的收集”，进一步感受收集物品的多样性。

师：请你仔细看看，木娃收集了什么？哪些是你觉得很有意思、很奇妙的东西？

2. 确定收集计划，知道有目的地收集。

要求：我们可以把收集的计划画下来。你想做什么？需要收集什么材料？大概需要收多少？

3. 交流收集计划，同伴间互相倾听学习。

分析：进一步感受收集的多样性。同时，在制订计划的过程中，形成有目的地收集的意识。

三、说说收集后的事

1. 讨论收集物品之后，需要进行哪些处理？

师：木娃收集了这么多的东西，我们在制订收集计划后，也会收集来这么多东西，怎么办？

2. 看木娃开的博物馆，为收集后如何利用提供新思路。

师：瞧，木娃收集来的宝贝做了什么？

分析：这里会涉及清洁、整理、分类、标签、储存、利用等经验的分享交流。

【教学分析】

在这个活动中，从绘本的阅读，到制订并交流计划，再到最后可能生成一些生活区的活动，如收集、清洁、整理、分类、贴标签等，这就很好地体现了每个游戏区域之间的联动价值。

从以上的案例及教学活动我们可以看出，让幼儿与其他区域活动相互动需要做到以下几点：一是让幼儿参与到区域环境的创设中，让幼儿在准备材料的过程中充分了解这些材料的作用；二是对投放的材料感兴趣且能充分地了解这些材料的用法；三是在参与的过程中体验到区域游戏材料带来的快乐，从而理解各个区域之间的联动，这样才能在游戏中做到联动。我们深知：放手是对孩子的尊重、信任，更是一种责任。区域游戏联动是深度学习的必然，更是我们的追求。

第二节 各年龄段幼儿语言区经验价值分析

对幼儿来说，学习并掌握语言不仅意味着获得包括语言形式、语言内容、语言使用在内的一套语言系统，更意味着幼儿心理发展进入一个新阶段。因此我们要从梳理语言核心价值和联动价值开始，分析幼儿园各年龄段语言区的核心价值和联动价值，从而让我们的语言区指向性更明确。

一、小班语言区经验价值分析

（一）小班语言区的核心价值

小班幼儿的思维以具体形象思维为主，经验也主要围绕日常生活，针对这些特点，我们从倾听理解、语言表达、语言文明习惯、阅读兴趣、阅读理解能力、早期文学、早期书写行为七个维度出发，利用思维导图的形式梳理了小班语言区的核心价值（图 2-1）。

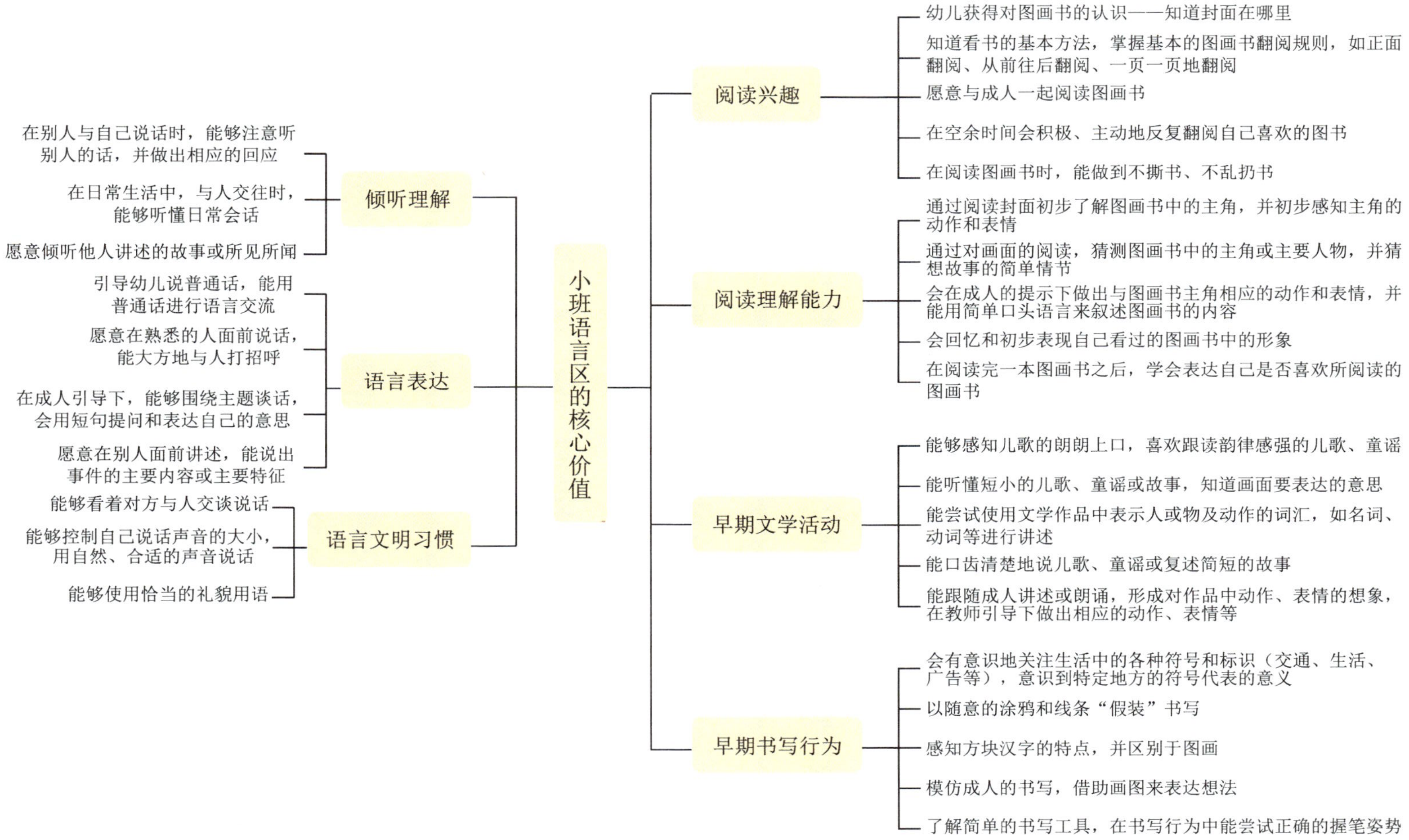

图 2-1　小班语言区的核心价值

从语言使用功能出发，小班语言区的核心价值可以概括为以下几点：

（1）听懂对方的语言，并能跟随对方的谈话内容的变化而转移注意力。

（2）能随机或偶然参与到他人的谈话中，谈话过程主题不稳定，常常更换主题。

（3）认真倾听并理解讨论话题且对此有自己的判断，尝试用个别方法解释自己的观点或反驳别人的观点。

（4）能使用常见的动词讲述人、事、物之间的简单关系，或围绕主题讲述一些相关的内容，可能包含一两个行动事件。

（5）喜欢聆听朗朗上口的汉语儿歌，感知使用不同词汇构造出不同的语音效果，并乐于模仿或学说儿歌或童谣中生动有趣的语句。

（6）跟随成人讲述或朗诵，形成对作品中人物的动作、表情的想象，在教师的要求下做出相应的动作、表情。

（7）阅读图画书时能关注封面标题，知道文字之间有间隔，会点数汉字。

（8）以随意的涂鸦和线条“假装”书写，能感知方块汉字的特点，并区别于图画，借助图画来表达想法。

（二）小班语言区的联动价值

语言发展对幼儿成长的促进是以幼儿获得一系列价值和经验为中介的，我们主要从运动与健康、社会与情感、数学与认知、科学与技术、艺术与创造及学习品质这六个方面与语言区进行联动价值的链接，具体如表 2-1 所示。

表 2-1 其他领域与语言区联动价值链接表

领域	可链接的目标
运动与健康	知道保护眼睛，不在光线过强或过暗的地方看书；会使用笔等用具
社会与情感	交流个体情感、喜好、经历及简单的信息；表达个体对某些时间的态度和喜好程度；在共同交往活动中获取信息或材料，为共同交往活动提供信息或材料
数学与认知	通过标记、对比、排序、分类等方式解释和使用活动中简单的已知信息，执行简单的指令
科学与技术	在指导下，感知和体会用语言来描述某些事物的形状、大小；能感知和区分物体的粗细、厚薄、轻重等量方面的特点，并能用相应的词语描述
艺术与创造	在学习和欣赏儿歌、故事等语言材料的过程中，使用语言、动作或情境表演等手段，表达自己对作品内容的理解；描述出现在看图讲述、儿歌仿编或故事创编等活动中的事件
学习品质	尊重和保护幼儿的好奇心和学习兴趣，帮助幼儿形成积极主动、认真专注、不怕困难、敢于探究和尝试、乐于想象和创造等学习品质

小班语言区的联动价值如图 2-2 所示。

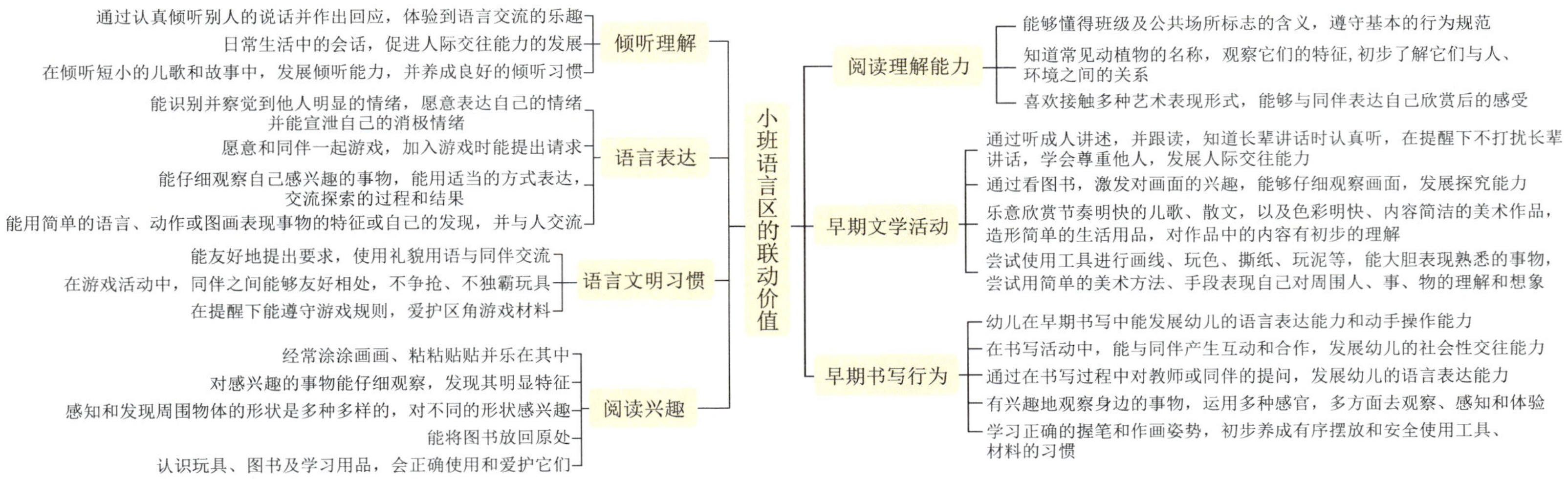

图 2-2　小班语言区的联动价值

从语言使用功能出发，小班语言区的联动价值可以概括为以下几点：

（1）在公共场合，能根据别人的谈话内容，说出相应的答案。

（2）在日常生活中，通过某一话题的讨论（咬人、抓人等行为），能判断简单行为的对与错，用适宜的行为与他人交往。

（3）在日常生活中，用一些简单的词语让幼儿感知白天、黑夜、早晨等与人们的关系。

（4）在日常生活中引导幼儿使用简单的数学词汇和语言，如“一样多”“少”“许多”“1个”等。

（5）提供条件，引导幼儿从具有鲜明色彩和简单造型的生活用品、美术作品中获得美的感受，用语言、表情、动作表达对美好事物的亲近和喜爱。

（6）支持鼓励幼儿通过画线、玩色等活动，接触各种易于使用的工具，掌握使用方法，通过命名、讲述等方法对汉字或其他事物进行有意识地表现。

（三）小班语言区的核心价值与联动价值案例分析

【案例】

刚入园，语言区的沙发、帐篷吸引着孩子们，每天乐乐都喜欢去语言区游戏。这天他拿着播放儿歌的音箱说：“听儿歌，听儿歌。”当老师为他打开音响播放儿歌后，他一下子笑了起来，跟着音响中的儿歌念了起来。这时叮当来到语言区，他拿出经常看的绘本《好饿的毛毛虫》翻阅起来，一边翻一边用手指点着毛毛虫和它的食物，嘴里说着：“第一天吃了这个，第二天吃了这个……”

过了一会儿叮当翻阅完整本书后，把书放回了书架，他转过头对乐乐说：“你听的是什么呀？”乐乐转过身，嘴巴里跟着音乐说着：“幼儿园像我家，老师爱我我爱她。”叮当听到熟悉的儿歌，于是来到儿歌区和乐乐一起跟着音乐念起了儿歌。

跟着音乐念儿歌

介绍儿歌

【案例分析】

小班语言区的核心价值与联动价值案例分析如表 2-2 所示。

表 2-2 小班语言区的核心价值与联动价值案例分析

活动环节	核心价值	联动价值	备注
乐乐跟着音乐念儿歌	1. 能够感知儿歌的朗朗上口，喜欢跟读韵律感强的儿歌、童谣； 2. 能听懂短小的儿歌、童谣或故事，知道其中要表达的意思	1. 在倾听短小的儿歌和故事中，发展倾听能力并养成良好的倾听习惯； 2. 乐意欣赏节奏明快的儿歌、散文，以及色彩明快、内容简洁的美术作品，造型简单的生活用品，对作品中的内容有初步的理解	
叮当翻阅图书	1. 知道看书的基本方法，掌握基本的图画书翻阅规则，如正面翻阅、从前往后翻阅、一页一页地翻阅； 2. 通过对画面的阅读，猜测图画书中的主角或主要人物，并猜想故事的简单情节	1. 能将图书放回原处； 2. 通过看图书，激发对画面的兴趣，能够仔细观察画面，发展探究能力	
叮当与乐乐一起交流，边听边念儿歌	1. 别人在与自己说话时，能够注意听别人的话，并做出相应的回应； 2. 在日常生活中，与人交往时，能够听懂日常会话； 3. 与人交谈说话时能够看着对方	1. 日常生活中的会话，促进人际交往能力的发展； 2. 愿意和同伴一起游戏，加入游戏时能提出请求； 3. 能友好地提出要求，使用礼貌用语与同伴交流	

二、中班语言区经验价值分析

幼儿学习语言获得的不仅有关于字、词、句等方面的知识，还包括字、词、句的运用能力及运用过程中获得的个人情感体验。中班幼儿的语言能力在小班基础上有进一步的发展，又为大班语言能力的巩固发展打好基础。

（一）中班语言区的核心价值

中班幼儿的听说能力、语言表达能力、对诗歌和散文的理解能力，相比小班幼儿有了很大的提高。这一年龄段的幼儿在倾听指令、用完整的语言讲述、与同伴友好合作等方面还不完善。基于这些原因，我们在思考中班语言区核心价值时不仅要考虑如何将中班语言教育的目标落实到核心价值中，还应该思考怎样才能尊重幼儿的年龄特点、发展规律和个体需求。从这些出发，我们对中班语言区的核心价值归纳如图 2-3 所示。

从语言使用功能出发，中班语言区的核心价值可以概括为以下几点：

（1）在谈话中做出目光、表情或口头语言上的回应。

（2）能根据场景的不同初步调整自己的话语声音的大小和语气，并通过提问、提议等方式主动发起谈话。

（3）交流时不随意插话、抢话，有坚持自己的观点的态度倾向，开始比较熟练地运用各种辩论方法来解释证明自己的观点。

（4）在讲述中会使用几种不同的句式，会围绕主题讲述几个相关的行动事件。

（5）愿意大声朗读有汉语押韵规则的儿歌和儿童诗，感知零星的语言词汇材料组合成简单句子的方式，在日常生活中愿意用基本正确的语句形式进行表达和讲述。

（6）倾听文学作品后，能形成作品中典型人物特征的基本形象，如外貌、语言、动作及心理状态等的想象，且能结合已有生活和文学作品学习经验，表达对作品的初步感受。

（7）知道不同地方的标识表达的不同意义，开始能找到不同汉字中的一些相同结构，阅读文字时表现出从左到右、从上到下的阅读方式。

（8）有初步的与纸笔互动的“书写”经验，发现汉字“一字一音”的特点，会使用图画、符号、文字等多种形式创意地表达比较复杂的意思。

（二）中班语言区的联动价值

中班幼儿语言区应以各种词来丰富幼儿的词汇量，以各种听说游戏来培养幼儿良好的倾听习惯，以欣赏中国童谣、古诗、绕口令的方式来拓展幼儿的视野。因此针对中班幼儿的年龄特点，可以增加有关运动与健康、社会与情感、数学与认知、科学与技术、艺术与创造及学习品质方面的游戏，让幼儿既在操作中不断扩大词汇量，又在游戏中丰富与同伴交往的经验，从而获得情感、态度、能力、知识等多面的联动价值。

中班语言区的联动价值如图 2-4 所示。

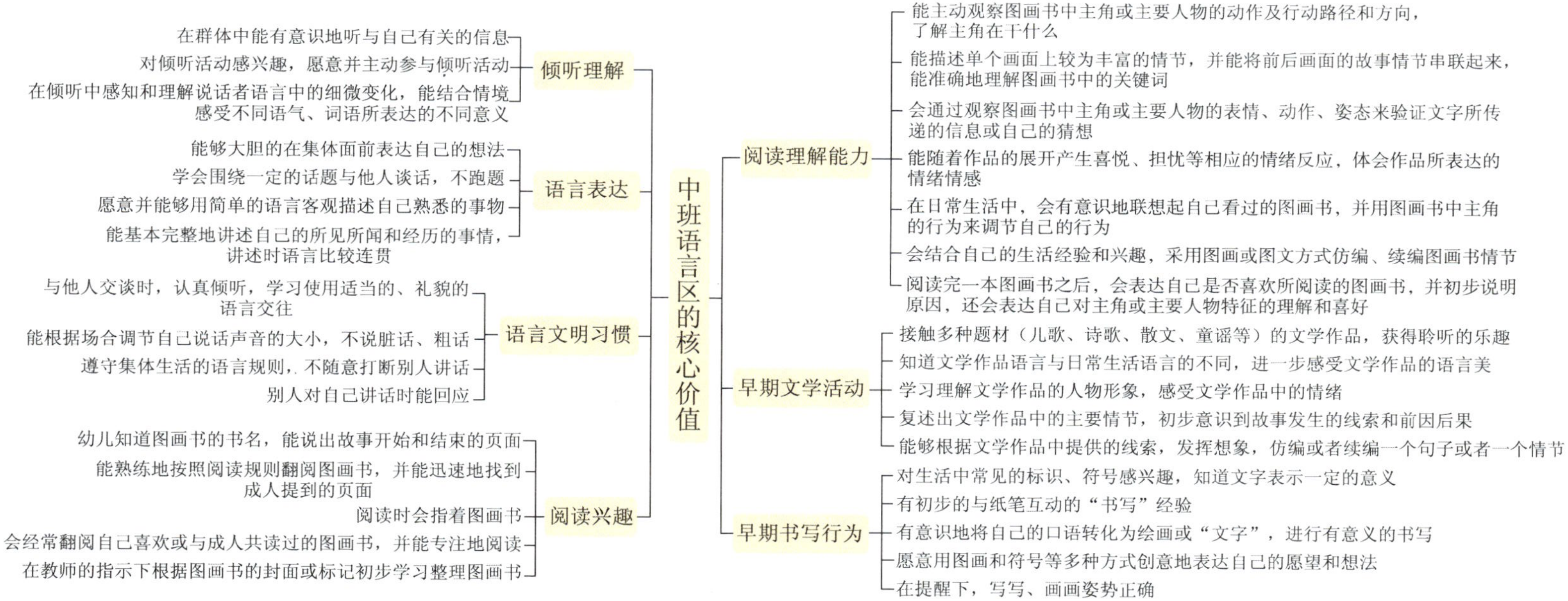

图 2-3　中班语言区的核心价值

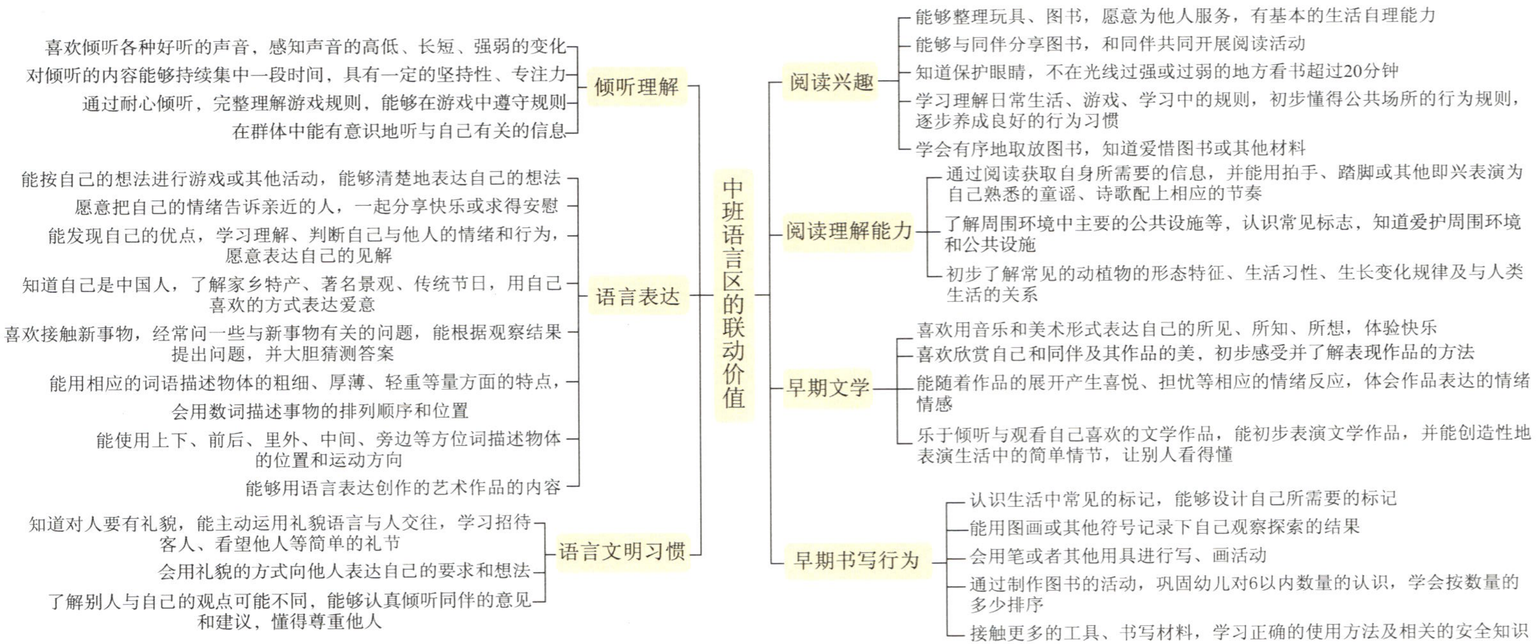

图 2-4　中班语言区的联动价值

从语言使用功能出发，中班语言区的联动价值可以概括为以下几点：

（1）引导幼儿学会简单地评价自己和他人的行为，能初步判断某些行为的对与错。

（2）在与他人谈话中会使用礼貌用语，初步学会用轮流、分享、谦让的态度来表达自己的观点。

（3）引导幼儿用多种方式表现、交流和分享探索与发现的过程与方法，为参加小组讨论和辩论创造条件。

（4）引导幼儿使用表示比较的语言，如更长、更短、更轻、更重等。

（5）引导幼儿谈论喜欢与不喜欢的一些环境和事物的现象，如喧闹、安静等，以及用力所能及的方式对待周围的事物和环境。

（6）支持和鼓励幼儿初步尝试用绘画、制作等各种手段表达自己对文学作品的理解。

（7）支持和鼓励幼儿用口头语言、肢体语言表现自己的经历，模仿日常生活或艺术作品中人物的语言、表情、动作，愿意创编、合作表演简单的故事情节。

（8）了解基本的书写姿势，在有趣的图形练习中做好书写准备。

（三）中班语言区的核心价值与联动价值案例分析

【案例】

趣味童谣

语言区游戏刚开始，六宝说："今天我是从'阿婆'家来的，这是'阿婆'给我的新故事书，我们一起看吧。你看这个封面上有个大恐龙，这本书是恐龙世界。""阿婆是谁呀？""阿婆就是妈妈的妈妈。""妈妈的妈妈叫外婆，不是阿婆。""我讲的是土话。"……一大早孩子们在语言区开展了关于"阿婆、外婆"的争论。

"我知道外婆，我还知道外婆桥，摇啊摇，摇到外婆桥。"庄一的话引起了孩子们的兴趣。王彦楷问："这是什么呀？"庄一说："我妈妈教我的，是一首童谣。"说着她用普通话完整地表演了童谣《外婆桥》。王彦楷听完说："这个真好笑呀，你再说一遍。"于是庄一又说了一遍，还加上了动作。这时六宝说："摇啊摇，摇到'阿婆'桥，我用土话来念。"王彦楷说："这样说更好玩了。可是妈妈说在学校要讲普通话的。"六宝说："我讲土话讲'阿婆'，我在家里都是这么说的，上学我也讲'阿婆'。"

表演童谣

【案例分析】

中班语言区的核心价值与联动价值案例分析如表 2-3 所示。

表 2-3 中班语言区案例核心价值与联动价值案例分析

活动环节	核心价值	联动价值	备注
邀请同伴一起看图书	1. 幼儿知道图画书的书名，能指出故事开始和结束的页面； 2. 阅读时会指着图画书	1. 能按自己的想法进行游戏或其他活动，能够清楚地表达自己的想法； 2. 能够与同伴分享图书，和同伴共同开展阅读活动	
多次表演、欣赏童谣《外婆桥》	1. 在群体中能有意识地听与自己有关的信息； 2. 别人对自己讲话时能回应； 3. 接触多种题材（儿歌、诗歌、散文、童谣等）的文学作品，获得聆听的乐趣	1. 能用拍手、踏脚或其他即兴表演为自己熟悉的童谣、诗歌配上相应的节奏； 2. 喜欢欣赏自己和同伴及其作品的美，初步感受并了解表现作品的方法； 3. 对倾听的内容能够持续集中一段时间，具有一定的坚持性、专注力	
关于在幼儿园能不能讲土话这个问题的讨论	1. 能够大胆地在集体面前表达自己的想法； 2. 学会围绕一定的话题与他人谈话，不跑题	1. 了解别人与自己的观点可能不同，能够认真倾听同伴的意见和建议，懂得尊重他人； 2. 学习理解日常生活、游戏、学习中的规则，初步懂得公共场所的行为规则，逐步养成良好的行为习惯	

三、大班语言区经验价值分析

大班幼儿思维有了质的变化，在倾听理解、语言表达等方面都有了更高的需求。同时大班幼儿对书面语言感兴趣，处于前书写核心经验的初始阶段。基于大班幼儿的发展需求与兴趣，怎样有效提高大班幼儿的语言能力，为幼小衔接做好准备呢？

（一）大班语言区的核心价值

幼儿进入大班后，其语言表达能力和对文学作品的理解能力有了质的飞跃，同时，其逻辑思维能力和分析问题能力有了一定的发展。在词汇量迅速扩充的同时，幼儿的词类范围扩大，对词汇的理解也更加深入。幼儿不仅能熟练运用简单句，而且能够使用各种复合句。我们在思考语言区核心价值的时候要充分剖析幼儿的发展变化，把握幼儿的特点。从这些出发，我们对大班语言区的核心价值归纳如图 2-5 所示。

- 大班语言区的核心价值
  - 阅读兴趣
    - 熟悉图画书的结构，知道封面中不同形式文字所表示的意义，能准确指出故事开始和结束的页面，了解环衬、扉页在图画书中的作用
    - 能熟练地跟随成人的朗读翻阅图画书，认真阅读图画书的画面和文字信息
    - 喜欢阅读不同类型、题材的图画书，养成每天阅读的习惯，并能较长时间专注地阅读；具有初步阅读的能力，愿意跟别人分享图书
    - 能掌握修补图书的不同方法，知道要爱护图书
  - 阅读理解能力
    - 能细致观察画面中主角或主要人物的状态，包括动作、表情、姿态等，理解主角的心理状态，如情绪、想法等
    - 能有意识地观察画面中的细节，并将细节与主要情节联系起来；通过对图画书画面布局、构图、视角、色彩等的感知，能准确完整理解图画书的内容
    - 在观察阅读图画书的封面时，会预测图画书的整体情节；在阅读过程中，能根据图画书的结构做出合理的想象
    - 在叙述图画书内容时，能逐步使用自己的语言，以书面语的方式清晰、连贯地叙述图画书内容
    - 会根据自己的经历和想法，仿编、创编图画书
  - 倾听理解
    - 在集体中能注意倾听教师或其他人讲话
    - 在倾听的过程中，关注谈话对象所提到的细节，会对他人的谈话内容表达自己的认同与否，或对他人的谈话进行评论和提问
    - 在倾听他人讲述时注意倾听其讲述的方法，如举例、分类、打比方等
    - 能结合相应的情境理解一些表示因果、假设等相对复杂的句子
  - 语言表达
    - 在语言区游戏中，愿意与他人讨论问题，敢在众人面前说话
    - 在讲故事或者陈述一件事情时，能有序、连贯、清楚地讲述
    - 在讲述时能使用常见的形容词、同义词等，语言生动、有趣；会描述一些细节，让讲述更生动，且会围绕主题讲述清楚行动事件及其之间的关系
    - 尊重别人的不同观点，能有意识地运用各种辩论方法，针对不同的观点进行反驳，产生敏锐辩说的效果
  - 语言文明习惯
    - 在语言区游戏互动时，别人讲话能积极主动地回应
    - 在谈话过程中，语言语气恰当
    - 懂得按次序轮流讲话，不随意打断别人
    - 在创设的情境中，或者故事表演中使用恰当的语言进行交流
  - 早期文学
    - 感知不同风格、不同体裁的作品中词序变化所带来的语境效果，喜欢与他人一起谈论
    - 能初步理解文学作品的主题含义或意境，能较深刻理解作者的基本态度
    - 借助动作或口头语言表现文学作品的节奏和韵律
    - 能依据主题，初步建构一个新的文学作品，情节完整，内容、结构、主题合理，有逻辑性
  - 早期书写行为
    - 在生活中看到特定的符号或文字时，会问成人该符号或文字表示什么意义
    - 积累并能够书写一些简单的汉字字形，理解汉字之间的间隔，书写时能逐步统一字的大小
    - 愿意用符号和图画等多种形式表现事物或故事的内容
    - 会正确书写自己的名字，写（画）时姿势正确
    - 在环境布置、区域活动、绘画活动中，会有意识地用符号或文字进行标记；会关注到同一个汉字有多种表现形式；会通过一定的线索（语法线索或部件线索）来猜测字词的含义

图 2-5　大班语言区的核心价值

从语言使用功能出发，大班语言区的核心价值可以概括为以下几点：

（1）乐意运用交往语言，进一步提高语言交往水平。

（2）积极倾听，不断提高倾听能力，能迅速把握和理解较复杂的多重指令。

（3）愿意用清晰、连贯的语言进行讲述。

（4）愿意欣赏文学作品，积累文学语言，并尝试运用。

（5）有浓厚的阅读兴趣，知道图画书中的画面与文字的对应关系，并能在生活中运用已获得的书面语言；掌握基本的书写姿势和基本书写技能。

（6）了解、感受成语、歇后语、颠倒歌、谚语等有中国传统特色的语言。

（7）进一步了解图画书的构成，喜欢创作图画书。

（8）初步了解汉字的由来及同类汉字的规律，并能在生活中运用已获得的书面语言。

（二）大班语言区的联动价值

在这个阶段，幼儿对周围世界都持着积极探索的态度，不仅爱问还爱探索原理，渴望得到科学的答案。幼儿在观察、注意、记忆、想象等过程中都有了一定的方法。幼儿的想象力、表现力、合作意识、规则意识都有了极大的提升。在一日活动的各个环节中，幼儿都能够在不同的游戏区角中充分发挥主观能动性并获得不同的联动价值。

从语言使用功能出发，大班语言区的联动价值可以概括为以下几点：

（1）有高兴或有趣的事愿意与同伴分享，发展交往能力。

（2）知道别人的想法有时和自己不一样，能倾听和接受别人的意见，不能接受时会说明理由。

（3）通过与同伴一起阅读、讲述故事、表演故事情节，发展社会交往能力。

（4）喜欢关注书中的知识，了解自然、人文、科学与人们生活的密切关系，喜欢接触新事物，经常问一些与新事物有关的问题。

（5）在阅读、写写画画等过程中掌握正确的姿势，并能够主动保护眼睛。

（6）能自编自演故事，并为表演选择和搭配简单的服饰、道具或布景。

（7）感知和理解语言的发音、节奏、韵律等方面的特征，会用表情、动作、图画等方式表达自己对成语、歇后语、颠倒歌、谚语等有中国传统特色的语言的理解。

（8）在创作图画书的过程中，能够根据故事情节画出各种形象，线条基本平滑。

综上，大班语言区的联动价值如图 2-6 所示。

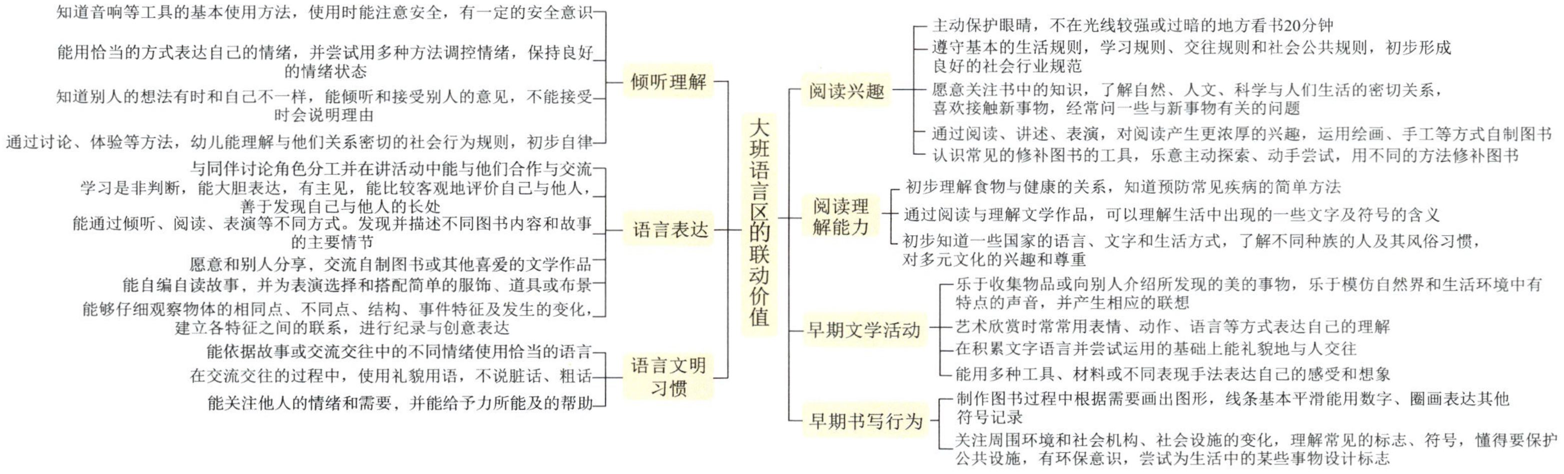

图 2-6　大班语言区的联动价值

（三）大班语言区的核心价值与联动价值案例分析

【案例】 哗啦啦不见了

缘起

在“动物狂欢”主题中幼儿带来了许多关于动物的图书，沈熙涵小朋友带来了一本《恐龙百科大全》，这本故事书得到了班内小朋友们的喜爱，每天游戏时，许多小朋友都喜欢到阅读区去翻阅。在语言区活动“轰隆隆来了”开展后，我们将《轰隆隆来了》图书也投放入阅读区，小朋友们非常喜欢这个故事，也经常去翻阅。但是有一天陈骏喆小朋友大喊起来：“老师，这两本书都破了！”

讨论图书为什么会破？

《恐龙百科大全》是阅读区里最受小朋友们喜爱的图书，也是沈熙涵小朋友非常心爱的图书。图书破了之后他非常伤心，他问：“老师，我的书怎么破了啊？”于是我们一起讨论图书为什么会破。

豆豆说：“我知道，有的小朋友进去都是乱翻的，很用力。”她一边说一边做起了翻书的动作。于是我们拿起白纸尝试用不同的方式翻页，小朋友们发现轻轻翻页后的白纸没有很明显的痕迹，而用力翻页后的白纸都有很明显的痕迹，甚至有的翻两遍就破损了。沈熙涵说：“以后看我的恐龙书都要轻轻翻。”豆豆说：“其他书都要轻轻翻，不能哗啦啦、哗啦啦地翻。”

翻页方式比较 1

翻页方式比较 2

图书破了怎么办？

这一天我们一起整理了图书柜，找到了许多破损的图书，沈熙涵带来的三本恐龙图书都已经破损。沈熙涵非常不开心，小朋友们提出帮助他修好图书。于是小朋友们在教室里寻找起工具来。

修补的工具

有的小朋友从美工区拿来了胶水和双面胶，有的小朋友从收纳柜里找来透明胶带，有的小朋友从家里带了订书机。那么这些工具是怎样使用的呢？它们都适合用来修补破损的图书吗？小朋友们展开了辩论。糖糖说："姐姐的作业破了就是用透明胶带贴起来的，就是在破的地方贴上去就好了。"皮皮说："那双面胶和胶水也可以把两张纸贴起来呀。"糖糖不同意："可是用胶水粘起来的话这个纸上的图片就看不到了。"皮皮说："可是我的书破了，妈妈就是帮我用胶水粘上去的，还有一次用订书机给我订上去呢。"糖糖说："啊，订书机怎么修补呀。"小朋友们谁也不服谁。

修补的方法

因为小朋友们谁也说服不了谁，所以我们提供了一些破损的报纸请小朋友们选择工具自主尝试。

小朋友们发现透明胶带能够把报纸贴好，而使用胶水的时候报纸必须有重叠的部分，所以纸张会翘起来，双面胶虽然也能平整地把报纸贴好，但它会盖住一部分字或者图画。使用订书机的小朋友发现钉子只能连接破损的两侧，破损的报纸还是非常容易损坏，并不能完全补好。所以小朋友们都觉得应该要用透明胶修补图书。可是胶水、双面胶、订书机真的没有用吗？

于是我们观看了修补图书的视频，小朋友们发现视频中也用到了订书机、胶水、双面胶。当书页掉落的时候，我们就可以用订书机订好或者用胶水、双面胶粘好。于是在阅读区幼儿开始修补图书。

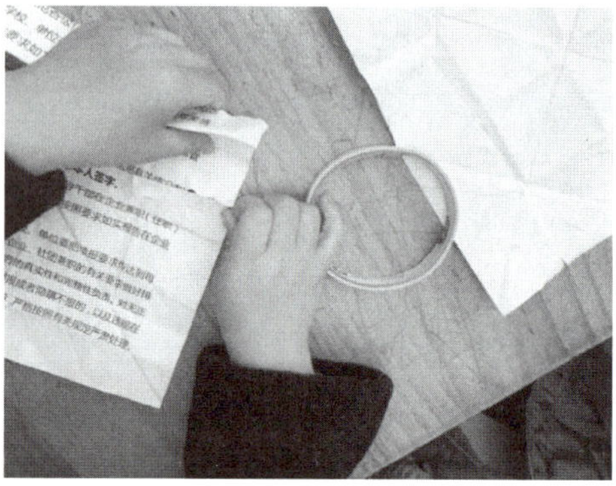

修书工具尝试 1

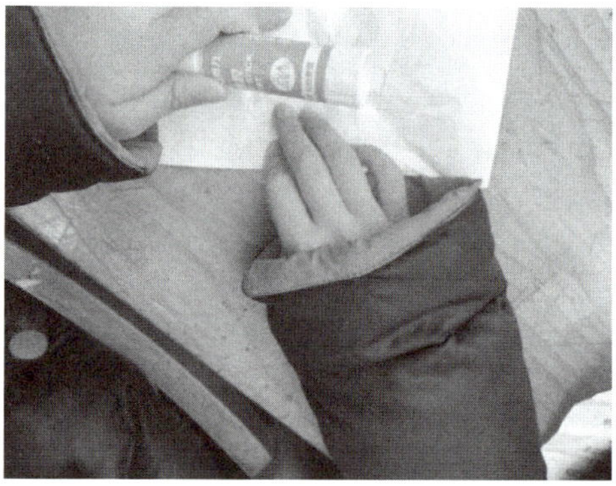

修书工具尝试 2

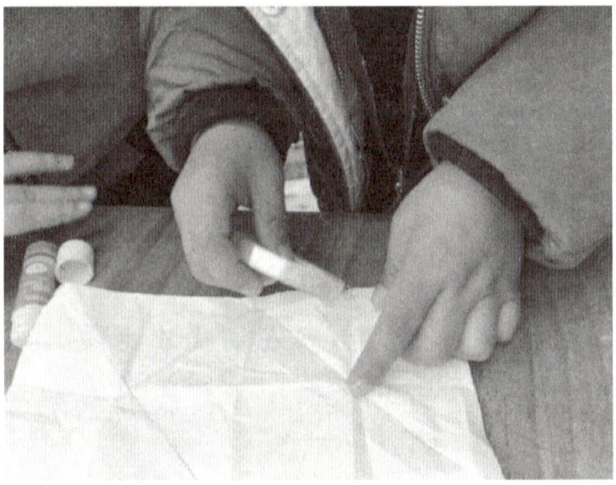

修书工具尝试 3

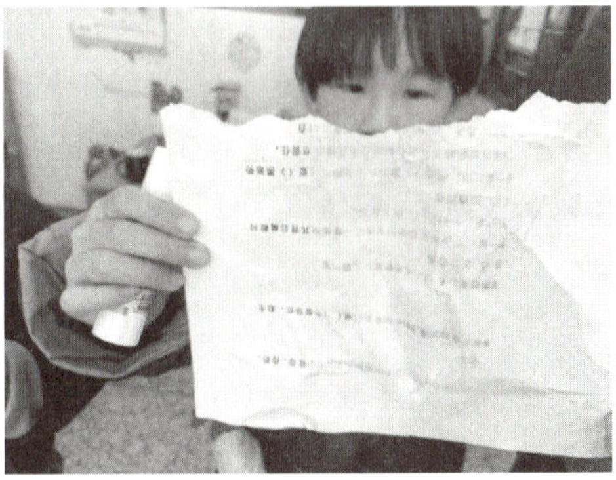

修书工具尝试 4

无法修补的图书怎么办？

当吕心悦在修补图书的时候，遇到了一个难题——一本图书因为被胡乱塞在柜子里，破损得太厉害了，几乎完全破损了。吕心悦说："老师这本书我修不好了，它都卷起来了，而且全破了。"那么无法修补的图书怎么办呢？在游戏结束讨论环节，好好说："不能修了就再买一本呗。"叮当说："还可以自己做一本。"

说干就干，我们在阅读区开辟了制作图书板块，小朋友们也非常感兴趣，都在阅读区制作图书。他们会选择自己喜欢的彩纸和工具，然后进行绘制、装订，一开始小朋友们的作品比较简单，一般都只有两页。

于是在第二天游戏时，我依旧邀请这些小朋友来制作图书，并且加入到他们的制作活动中去。这一次骆婷逸还是一下子拿起了彩纸和订书机，我问她："今天你想做一本什么样的书呢？"骆婷逸说："我要做一本红色的书。"我又问她："那这本图书讲了什么故事呢？"她想了想："讲一个王子和公主的故事。""那王子和公主发生了什么事情呢？"我又问她。骆婷逸说："公主去外婆家，在森林里遇到了恐龙，然后王子打跑了恐龙救了公主。"于是我和骆婷逸、沈熙涵一起把她说的故事画了下来，最后请她自己把图画按照顺序装订起来。

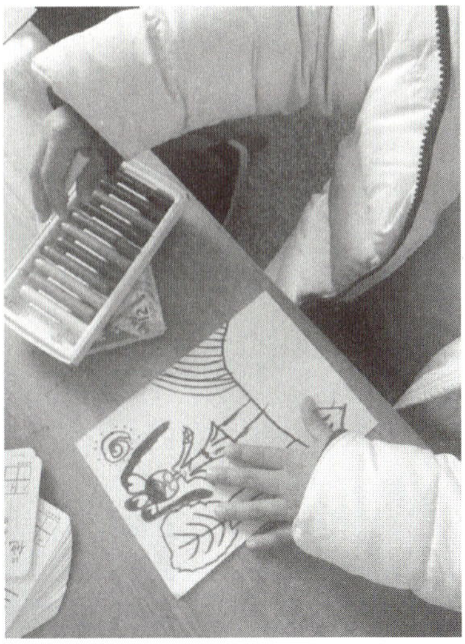

绘制图画书

这次游戏结束后，我展示了骆婷逸小朋友的作品，请她给其他小朋友讲述了这个故事，并讲解了图书制作的过程。

在骆婷逸小朋友分享后，小朋友们对制作图书有了一定的经验，知道先要想好一个故事，然后将故事画出来，最后才用工具把它装订起来。当然游戏结束后要将所有的材料放回原处。

再次来到图书制作区，豆豆制作了一本关于兔子的故事的图画书。李骏豪说："老师，我没有画完，我能带回家和妈妈一起画吗？"第二天他带来了制作好的《稻草人的故事》。

保护我们的图书

当小朋友们制作完图书后，我们讨论将图书放在哪里，小朋友们提出也要放在阅读区，可是李骏豪却说："不行，我怕小朋友把我画的书又弄坏了，我和妈妈一起做的书不可以弄坏的。"

那么怎样保护我们的图书不被损坏呢？许毅然说："我们要遵守规则，轻轻翻就不会破了。"于是我们一起观察了平时小朋友们看书、取放图书的照片和视频，看看哪些照片里有容易破坏图书的不好的行为。皮皮说："你看就是有小朋友哗啦啦、哗啦啦很用力地翻才会破。"吕心悦说："这张照片就是小朋友在乱塞书，有一次我在那下面拿起的书都修不好了。"沈熙涵大声说："老师你看，他们拿着我的恐龙书在打来打去。"

对照这些问题，我们一起修改了"图书角公约"，增加了"轻拿轻放不乱塞、禁止打闹"的规则。可是李骏豪还是不放心："老师在的时候他们会遵守规则的，但是老师一走他们肯定又会打来打去弄坏我的书的。"

许多小朋友都很担心这个问题，因为确实班内有个别小朋友经常出现这种情况，面对大家的担心，我们开展了讨论。好好说："老师一直在那里就好了呗。"叮当说："不行，老师还要去看其他小朋友的。"好好说："那怎么办呀？"讨论陷入了僵局。

这一次我们请小朋友自己寻找方法，有的小朋友回家询问爸爸妈妈，有的小朋友询问其他班级的老师，有的小朋友在第二天游戏活动时跑去观察其他班级的小朋友在游戏时的情况。最后小朋友们再次进行了方法分享。

制作公约

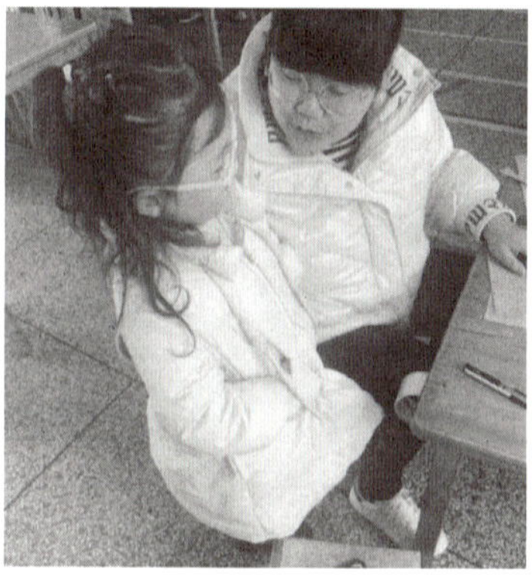

向教师询问

观察游戏

在分享过程中，李骏豪说："妈妈说警察就是管不遵守规则的人的，我们在看书的时候也可以有警察看着。"沈忆缘说："可是图书馆里面没有警察的，爸爸说图书馆里面有图书管理员，是专门管理图书的。"好好说："我的好朋友在大六班，他说大六班有图书管理员，也要戴牌子的。"豆豆说："我也看到了，他们玩游戏的时候有个小朋友戴着牌子坐在那里的。"李骏豪说："那我们也可以请小朋友当管理员，像警察一样管好小朋友。"大家都同意了他的想法。好好又说："那我们是不是也要做个牌子呢？这样就可以戴牌子然后管好小朋友了。"

牌子怎么做？

好好提出我们也要制作挂牌，那么如何制作呢？好好又说："就像值日生牌子一样，老师写好字放在牌牌里面，然后拿绳子挂起来就好了。"我又问他："那如果有的小朋友看不懂字怎么办呢？你能用什么方法让小朋友知道这是图书管理员的标志呢？"贝诗颖说："那就画下来。"可是我们应该画什么呢？李俊豪说："那我画个警察，因为图书管理员也是像警察一样管好规则的。"豆豆说："我要画本书再画颗爱心，因为图书管理员是告诉小朋友爱护图书的。"徐思涵说："我要画个禁止标志，禁止破坏图书。"……这一次小朋友们都有自己的想法，于是请小朋友们将自己的想法画下来，通过绘画分类，我们发现小朋友一共提出了五种标志。好好又说："哎呀，怎么那么多，那我们就和猫头鹰一样再投票吧。"最后小朋友们通过投票，选择了爱护图书这个标志，于是大三班图书管理员的标志牌就诞生了。

这天之后，阅读区里安静了许多，哗啦啦翻书的声音小了，打闹的声音也没有了……

有了制作图书的经验，现在小朋友们能够将听到的故事画出来，可以自己根据故事的脉络、线索画出续集。小朋友们还将自己喜欢的故事搬上了小舞台，活动结束后还能认真记录、评价今天的游戏……

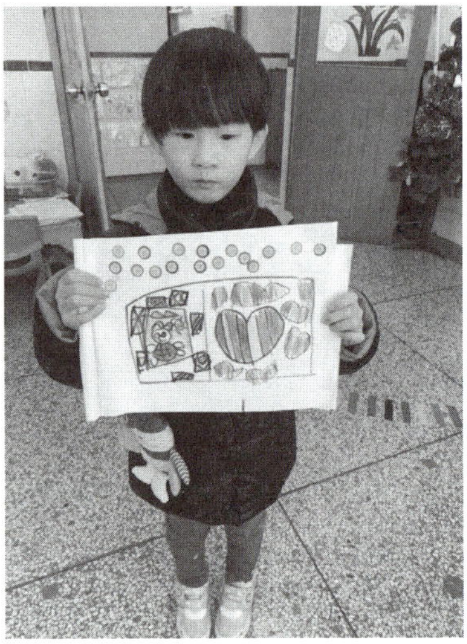

投票选标志

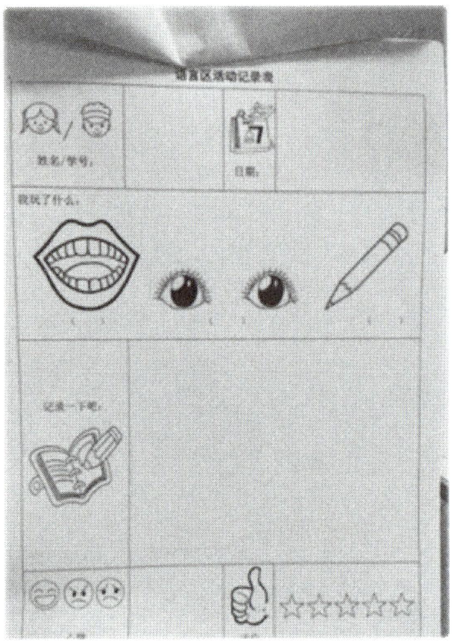

游戏评价表

【案例分析】

大班语言区的核心价值与联动价值案例分析如表 2-4 所示。

表 2-4　大班语言区的核心价值与联动价值案例分析

活动环节	核心价值	联动价值	备注
问题讨论、想法分享	1. 在集体中能注意倾听教师或其他人讲话； 2. 在倾听的过程中，关注谈话对象所提到的细节，会对他人的谈话内容表达自己的认同与否，对他人的谈话进行评论和提问。有听不懂或有疑问的能进行主动提问； 3. 能结合相应的情境理解一些表示因果、假设等相对复杂的句子； 4. 在语言区游戏中，愿意与他人讨论问题，敢在众人面前说话； 5. 尊重别人的不同观点，能有意识地运用和积累各种辩论方法，针对不同的观点进行反驳，产生敏锐辩说的效果； 6. 懂得按次序轮流讲话，不随意打断别人	1. 知道别人的想法有时和自己不一样，能倾听和接受别人的意见，不能接受时会说明理由； 2. 学习是非判断，能大胆表达，有主见，能比较客观地评价自己与他人，善于发现自己与他人的长处； 3. 幼儿愿意参加小组讨论与探索，能够提高合作学习的意识和能力，学习用多种方式（语言、图画、动作等）表现、交流、分享探索的过程和结果	

续表

活动环节	核心价值	联动价值	备注
寻找修补工具及方法修补图书	1. 能掌握修补图书的不同方法，知道爱护图书； 2. 会描述一些细节，让讲述更生动，且会围绕主题讲述清楚行动事件及其之间的关系	1. 能关注别人的情绪和需要，并能给予力所能及的帮助； 2. 认识常见的修补图书的工具，乐意主动探索、动手尝试，用不同的方法修补图书； 3. 能按语言指示或根据简单示意图正确取放物品； 4. 能按类别整理好自己的物品	
制作图书、介绍图书	1. 在讲故事或者陈述一件事情时，能有序、连贯、清楚地讲述； 2. 在讲述时能使用常见的形容词、同义词等，在讲述时语言生动、有趣。 3. 幼儿熟悉图画书的结构，知道封面中不同形式文字所表示的意义，能准确指出故事开始和结束的页面，了解环衬、扉页在图画书中的作用； 4. 积累并能够书写一些简单的汉字字形，理解汉字之间的间隔，书写时能逐步统一字的大小； 5. 愿意用符号和图画等多种形式表现事物或故事的内容； 6. 在叙述图画书内容时，能逐步使用自己的语言，以书面语的方式清晰、连贯地叙述图画书内容	1. 愿意和别人分享、交流自制图书或其他喜爱的文学作品； 2. 通过阅读、讲述、表演，对阅读产生更浓厚的兴趣，能用绘画、手工等方式自制图书； 3. 在掌握基本的书写姿势和基本书写技能的过程中能够主动保护眼睛； 4. 制作图书过程中能根据需要画出图形，线条基本平滑，能用数字、图画、图表或其他符号记录	
保护图书、设置图书管理员、修改区角规则	1. 在生活中看到特定的符号或文字时，会问成人该符号或文字表示什么意义； 2. 会描述一些细节，让讲述更生动，且会围绕主题讲述清楚行动事件及其之间的关系； 3. 积累并能够书写一些简单的汉字字形	1. 通过讨论、体验等方法，幼儿能理解与他们关系密切的社会行为规则，能够做到初步自律； 2. 遵守基本的生活规则、学习规则、交往规则和社会公共规则，初步形成良好的社会行为规范； 3. 关注周围环境和社会机构、社会设施的变化，理解常见的标志、符号，懂得要保护公共设施，有环保意识，尝试为生活中的某些事物设计标志	

续表

活动环节	核心价值	联动价值	备注
图书区延伸（表演、续编、记录等）	1. 在讲故事或者陈述一件事情时，能有序、连贯、清楚地讲述； 2. 在创设的情境中或者故事表演中使用恰当的语言进行交流； 3. 幼儿熟悉图画书的结构，知道封面中不同形式文字所表示的意义，能准确指出故事开始和结束的页面，了解环衬、扉页在图画书中的作用； 4. 会根据自己的经历和想法，仿编、创编图画书； 5. 理解不同情景画面之间的联系与线索结构； 6. 能依据主题，初步编构一个新的文学作品，情节完整，内容、结构、主题合理，有逻辑性； 7. 愿意用符号和图画等多种形式表现事物或故事的内容； 8. 积累并能够书写一些简单的汉字字形，理解汉字之间的间隔，书写时能逐步统一字的大小，在创意书写中出现利用汉字“同音”“形似”等特点进行书写	1. 能自编自演故事，并为表演选择和搭配简单的服饰、道具或布景； 2. 能通过倾听、阅读、表演等不同方式，发现并描述不同图书内容和故事主要情节； 3. 通过与同伴一起阅读、讲述故事、表演故事情节，发展社会交往能力； 4. 乐于模仿自然界和生活环境中有特点的声音，并产生相应的联想； 5. 在掌握基本的书写姿势和基本书写技能的过程中能够主动保护眼睛； 6. 能用数字、图画、图表或其他符号记录； 7. 在创作图画书的过程中，能够根据故事情节需要画出各种形象，线条基本平滑； 8. 艺术欣赏时常常用表情、动作、语言等方式表达自己的理解	

四、组织幼儿进行语言区活动的注意事项

以上对幼儿园语言区经验价值进行了具体的分析，这些核心价值和联动价值的获得离不开教师所创设的语言区活动。教师应注重挖掘语言区活动中蕴含的教育价值，对幼儿进行必要的语言指导和教育。在组织幼儿进行语言区活动时，应注意以下几点。

（一）创设情境，激发兴趣

在语言区教学中，要创造出与幼儿年龄相适应的教学情境，营造出富有趣味的语言区，以调动幼儿的积极性和主动性。例如，在“找朋友”这一教学过程中，老师可以给孩子们创造一些像“小花猫”“小熊”这样的人物，让幼儿在玩的过程中利用不同的言语交流，这样可以提高幼儿对言语的兴趣。

（二）启发想象，诱发灵感

幼儿的思考具有形象、具体和直观的特点，幼儿只能通过对生活的观察来累积自己的经历，并将其在大脑中进行加工、提炼和想象，从而获得新的经历。在展开语言区活动的时候，老师们可以在幼儿已经拥有的经历基础上，对幼儿展开问题，并对他们进行指导，让幼儿进行大胆的想象，进而引发他们的灵感，推动他们的思维能力的发展。

（三）提供材料，引导探索

在语言区，老师要给幼儿以大量的素材，让幼儿在这些素材中去探索、去发现。例如，在《小蝌蚪找妈妈》游戏中，老师给幼儿准备了各种不同形态的小蝌蚪，幼儿对它们充满了好奇心，从而有了探索的愿望。老师在教学中发现：幼儿对蝌蚪的形状非常感兴趣，他们会将它们放到水中进行观看，认为它们非常可爱。另外，老师也可以向幼儿发放有关小蝌蚪生长的图画书，让幼儿自己去看。

（四）分享交流，提升能力

在语言区，幼儿通过彼此交流不同的经历来达到互相学习的目的。老师还可以指导幼儿在语言区的一些活动中进行协作。通过语言区的活动，幼儿能够提高协作意识和交流水平。

（五）适时调整，注重反思

语言区是幼儿最喜爱的一个活动区，然而，在实际教学操作中，老师也会碰到许多不同的情形。例如，有些幼儿忽然不愿意参与语言区的活动；有些幼儿在语言区没有得到成功经验；等等。在这种时候，老师就要注意对幼儿进行有效的教育。例如，在游戏完成之后，老师要及时地做总结和反思，并让幼儿做出正面的评价。唯有如此，老师才能持续地提升自身的素质，为幼儿提供更为优质、高效的语言教育服务。

第三章 系统规划 润物无声

——语言区空间规划与环境创设

本章简介

科学、合理地对语言区进行空间规划和环境创设，能对幼儿成为有效的说话者、倾听者、阅读者和写作者所需的技能提供有力支撑。本章从幼儿视角出发，分别介绍了语言区空间规划与环境创设的意义、类型、原则，以及小、中、大班语言区空间规划与环境创设的策略及具体的实践案例。

思维导图

- 语言区空间规划与环境创设
  - 语言区空间规划与环境创设概述
    - 语言区空间规划与环境创设的意义
    - 语言区空间规划与环境创设的类型
    - 语言区空间规划与环境创设的原则
  - 各年龄段幼儿语言区空间规划与环境创设的策略
    - 小班语言区空间规划与环境创设的策略
    - 中班语言区空间规划与环境创设的策略
    - 大班语言区空间规划与环境创设的策略
  - 语言区空间规划与环境创设案例
    - 语言区空间规划的案例
    - 语言区环境创设的案例

第一节 语言区空间规划与环境创设概述

一、语言区空间规划与环境创设的意义

科学、合理地对语言区进行空间规划与环境创设，能对幼儿成为有效的说话者、倾听者、阅读者和写作者所需的技能提供有力支撑。

（一）能让幼儿获得正向的情绪

舒适的语言区环境能让幼儿获得一种身体上和心理上的安全感及精神上的自由感。科学的语言区环境能让幼儿感受到被尊重感。在语言区环境创设中接纳不同幼儿的个性化表达、个性化想象、个性化作品，能让幼儿进一步接纳自己，意识到自己的独一无二，并能通过环境促进其与同伴之间相互欣赏、相互学习。

（二）能支持幼儿的自主探索

1. 能引发幼儿的好奇、好问

好奇是探究的前提，根据幼儿年龄特点，展示多种功能的图书（如洞洞书、拉拉书等），给幼儿更多想象、探索的空间，并在环境创设时多给幼儿一些与日常经验、常规思维不一样的信息提示（如语音提示等），激发幼儿在语言区更多的想象和探索。

2. 能让幼儿投入、专注

一个能够引发幼儿投入、专注的环境一定是符合幼儿认知兴趣和年龄特点的环

境。教师要观察、了解幼儿的兴趣需要和经验水平，为幼儿创设和提供符合幼儿需要和年龄特点的环境和材料，引发幼儿的探究兴趣。

（三）能体现幼儿的积极参与

陈鹤琴说过："用儿童的双手和思想布置的环境，会使他们更加深刻地理解环境中的事物，也会使他们更加爱护环境。"语言区的环境创设不能以成人的眼光来衡量语言区环境的优劣，关键是看语言区的环境能否使幼儿参与进来，和幼儿产生联系。只有和幼儿产生联系，能和幼儿展开"对话"的环境，才称得上是有意义的语言环境。

1. 幼儿的"自作主张"

幼儿可以自作主张地布置语言区环境，即幼儿可以根据自己的活动需要、审美偏好来布置语言区的环境。如班级可以在语言区的环境布置中适当留白，不要给幼儿一个满满的布置完整的语言区环境，而是要留下空间和悬念，让幼儿自己来进行规划和布置。如小班语言区的布置，教师可以通过日常的交流，了解幼儿近期的兴趣、偏好及活动需要等进行整体规划；进入中、大班可以让幼儿尝试自己"画图纸"，这些幼儿特有的图文并茂的设计记录既是幼儿自己的环境布置，也是幼儿自主学习的过程。

2. 幼儿的"自我决定"

幼儿可以自我决定语言区活动的区间格局、材料投放、更新频率等。如班级语言区环境的空间布局、每次活动的桌椅安排、活动的频率等，都可以让幼儿自己或以小组商议的方式来决定。同样的语言区环境，不同的幼儿可能会有不同的规划和使用。

（四）能呈现幼儿的成长足迹

苏联心理学家维果斯基认为：学习发生在社会互动的大环境中，应该为儿童提供合作的机会。由此，幼儿园环境对于幼儿来说，既是生活的场所，也是学习的中心，更是发展的机会。幼儿园所有时空里发生的一切都应是课程。语言区的空间规划和环境创设就是其中重要的一个环节。

1. 能流淌出幼儿学习的轨迹

从这些轨迹中，我们可以看到幼儿对于语言区环境的创设有自己独特的主张，更能通过幼儿的布置轨迹反射出幼儿园的教育主张、环境的文化烙印、环境的课程价值等。

2. 能折射出幼儿的学习发展过程

幼儿在语言区的环境创设中不仅是呈现的客体，更是呈现的主体，幼儿在其中扮演的既是主体也是客体的双重身份。在这个过程中，幼儿与环境（包括教师、同伴、材料）产生积极有效的互动，这些互动体现在：帮助幼儿实现自己布置语言区的环境的愿望、回忆自己的学习经历、修正自己的环境创设方案及制订新的计划方案等。

（五）符合幼儿审美的需要

《指南》中提到，幼儿审美经验的获得，是一种在审美范畴内感悟生命的能力和看待事物的新的方式和经验的获得，而这种直觉、想象、顿悟的感性思维方式有别于通过科学认知等领域的学习所发展起来的那种逻辑的、程序性的理性的思维方式，只有理性和感性二者相辅相成，才能使幼儿整体地、更完美地理解世界。

1. 语言区环境创设是美观的

这主要指设计的合理、材料选择的实用、摆放的美观、色彩搭配的和谐等，尤其要考虑色彩与色调的问题。首先，每个班级都应该有一个主元素和主基调，所以在引导幼儿进行语言区环境布置时，要让幼儿认识到这一点；其次，环境底板和主基调要相对统一，否则在视觉上会造成色彩污染和混乱。在大班的语言区的环境创设中，可以利用课程让幼儿欣赏一些名画，增强幼儿的审美感受力。例如，印象派画家梵高及其代表作《向日葵》《星月夜》，立体派画家毕加索及其代表作《梦》，抽象派画家米罗及其代表作《绘画》，蒙德里安及其代表作《红黄蓝构成》。

2. 语言区环境创设是有秩序感的

语言区环境呈现过程中，要关注幼儿认知的心理特点，不仅要考虑整体认知与部分认知的关系，还要考虑到幼儿注意视角广度的问题，要能便于幼儿及时关注语言环境，并能有效操作。如用背景版面形式将语言区进行分隔，让听、说、读、写的语言区内容之间既能独立又有联系。

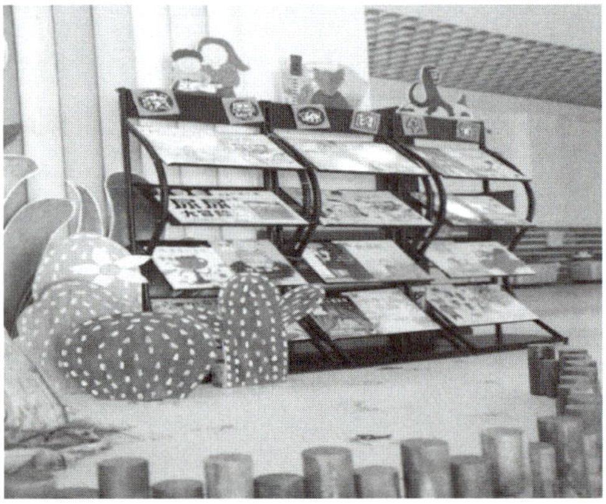

语言区环境创设图例 1

语言区环境创设图例 2

马拉古奇说：“儿童被看作是独特的、好奇的、能干的、有潜能的、渴求关系的、活跃的知识建构者，以及权力的拥有者而不是需求者。”因此，语言区环境创设只有从幼儿视角出发，体现幼儿立场，才能有幼儿的“声音”，才能是幼儿真正的环境。

二、语言区空间规划与环境创设的类型

在幼儿的发展过程中，语言的发展对其他领域的学习有着重要的影响。幼儿园语言区的创设为幼儿提供听、说、读、写的有效空间，让幼儿在自由操作、自主交谈的过程中促进其语言的全面发展。

幼儿园在语言区中主要提供听、说、读、写四种材料，因此将语言区分为阅读、操作、倾听、书写四个区域。

（一）阅读区

阅读区，顾名思义，是以阅读为主要形式的语言游戏区域。为创设有效的阅读区，教师需要考虑该区域在教室里的位置和大小，如何增强吸引力，以及投放哪些图书和道具。具体来说，阅读区的创设应符合以下几个要求。

1. 阅读区应设置在安静且采光较好的地方

由于阅读是安静的活动，阅读区应该安排在教室里比较安静的地方。同时，还要有充足的采光。可以投放带有三光灯泡的灯具，使幼儿能根据需要调节阅读光线。

2. 阅读区的大小应能容纳 5—6 位幼儿同时进行阅读

设计阅读区时，教师需要考虑该区域能容纳的幼儿人数。著名的读写专家莫罗建议，阅读区至少要能供 5—6 位幼儿同时进行阅读，其中要有一处特别安静，供个别幼儿阅读。

3. 阅读区要布置得舒适美观

阅读区要有令人放松、舒适就座的地方（如枕头、靠垫、小沙发等），有柔和的光线、柔软的地毯和有趣的陈列等。

4. 阅读区要有数量充足的高质量图书

拥有丰富的高质量图书是创设阅读区的关键。在阅读区里，至少提供人均 5—8 本图书，重点推荐图书，需要展示其封面，可以用书架，或配有能支撑图书的雨水槽之类的开放式架子展示。这些图书的内容应与当下课程主题、项目或作者的研究相关。当然，其中最重要的是图书质量要好。可以选择获奖图书（参见获奖儿童文学数据库），或者儿童图书馆协会（ALSC）推荐的书目。

5. 阅读区要有经常更换图书与道具

图书与道具需要经常更换，以满足儿童的需求，并使他们能享受新的文学作品。莫罗建议，幼儿园每两周至少更换 25 本图书。

（二）操作区

如果说阅读区是培养幼儿静心品味的游戏一角，那么，操作区就是锻炼孩子手、脑、口三位一体的实战舞台。语言区操作材料可以投放在阅读区、写作区、倾听区，也可以形成独立的区域。结合《指南》《幼儿园保育教育质量评估》，围绕幼儿园蓝本课程和班级生成课程，语言操作区游戏类型主要有以下几种。

1. 剧场类

幼儿结合剧场这一游戏载体，运用一定的材料和语言、动作等技能，创造性地演绎故事，使幼儿的语言表达能力、社会交往能力在自娱自乐的表演过程中得到提升。

2. 讲述类

讲述类游戏是通过提供实物、图片等材料，让幼儿在玩一玩、说一说的过程中，动手、动脑、动口，促进幼儿语言表达能力、倾听能力、观察能力的发展。

3. 互动类

互动类游戏是以幼儿感兴趣的绘本、故事为基础，如《好饿的毛毛虫》《皮皮不见了》《彩虹色的花》《好饿的小蛇》，选取绘本、故事中的关键元素，创设情境，投放图片或玩偶及可供幼儿操作的绘本游戏桌等，让幼儿在摆弄的过程中回忆故事内容，发展幼儿的语言表达能力。

4. 棋类

将故事图片投放至棋盘中，设置图片障碍，让幼儿在移动棋子的过程中，讲述图片内容，使幼儿的语言能力和思维能力得到双重发展。

5. 辩论类

大班幼儿词汇范围扩大，掌握了一些高级的、抽象的、概括的词，语法结构逐渐复杂。结合大班幼儿的年龄特点，辩论游戏的创设可以促进幼儿学习使用合适的语言清楚表达自己的观点，学会倾听他人观点，学习使用不同理由解释自己的观点。

（三）倾听区

良好的倾听习惯是学习语言的前提和基本条件之一，因此，创设倾听区也是提升幼儿倾听能力、促进幼儿语言能力发展的重要途径。创设倾听区的建议有以下几点：

（1）提供配有各种耳麦的录音机或 CD 机。

（2）提供各种故事和活动材料，用多种语言录制这些材料。还可以请家长用他们的母语或方言录制儿童喜爱的故事。

（3）分类标记磁带和碟片，以便幼儿取放。

（四）书写区

前书写，是指幼儿使用多种方式表现的“非正规”的文字书写，它能够帮助幼儿建立和巩固纸笔互动的经验，感知文字组成的一些基本规律，并熟悉书面文字字形，理解一些词汇的意思，有效地提高幼儿的读写和语言能力。因此，书写区也是语言区的重要组成部分。书写区需要提供以下材料和物品：

（1）供幼儿坐下来书写的桌椅。

（2）各种书写工具（如铅笔、钢笔、记号笔和油画棒等）。有时还需投放特别的书写材料（如荧光笔、会话笔），以鼓励幼儿书写。

（3）各种书写材料（如各种不同类型、颜色、尺寸的纸张，以及信封、卡片、信纸等）。

（4）幼儿个人日志本。

（5）自制图书材料，供幼儿制作自己的图书。这些材料包括各种纸张、封面材料（如织物、墙纸和美术纸等），以及装订书的材料（如打孔机、订书机、圆头钉等）。

三、语言区空间规划与环境创设的原则

为幼儿创设语言运用环境，教师需要把握以下原则。

（一）为幼儿提供充分运用语言的机会

幼儿的语言不是通过被动接受而学会的，而是在没有压力、非强迫的状态下，在积极、主动运用语言与人交往的过程中获得的。因此，幼儿园应当为幼儿创设自由、宽松的语言交往环境，支持、鼓励、吸引幼儿与教师、同伴交谈，使他们想说、敢说、喜欢说、有机会说，并能得到积极应答，从而体验语言交流的乐趣，发展语言运用能力。

（二）组织多种形式的语言活动

幼儿的语言习得发生在真实的交往情境中，因而以完成真实任务为目的的游戏、生活和其他类型的活动应成为幼儿园语言领域教育的组织形式，使幼儿学得更活、更有趣、更深入。相反，机械的语言训练或是机械背诵记忆，对幼儿语言乃至其他方面的发展未必具有长远效益。同时，幼儿需要掌握的语言经验有很多，因此幼儿园语言领域教育需要组织不同类型的语言活动，使幼儿有机会掌握每一种类型的语

言经验。幼儿园不仅需要创设让幼儿有机会运用和练习口头语言经验的环境，还需要让幼儿有机会接触到优秀的文学作品和常见的简单标记、图画书和文字符号；不仅需要创设引导幼儿学习和掌握日常语言表达的环境，还需要引导幼儿创造性运用所学的口头语言和书面语言表达个人的生活和学习经验。

（三）保证幼儿的主体地位

语言经验是幼儿在与他人和语言材料的相互作用过程中主动建构起来的，因此创设的语言运用环境须充分保证幼儿的主体地位，使语言学习成为幼儿生活、游戏等活动的必需。要保证幼儿的主体地位，就需要教师在设计语言领域教育活动时，充分考虑语言材料与活动组织形式、幼儿发展水平和需要的适应情况，激发幼儿积极参与活动的动机和兴趣，为每名幼儿提供适合其发展特点与需要的交往环境和条件。当某些幼儿因个体发展特点而出现不适应情况时，教师可适当调整环境和条件，使之愉快积极地投入学习活动中。

（四）充分发挥教师的主导作用

保证幼儿在语言学习过程中的主体地位并不意味着教师的无为。教师作为重要的他人，在其中发挥着举足轻重的作用。教师在幼儿语言学习中的主导作用表现在激发幼儿学习语言的内部动机，为幼儿的语言学习搭建适宜的脚手架。

教师的主导作用体现在以下方面：一是提供适宜的语言材料和其他操作材料创设适当的交流氛围，借此体现教学目标和设想；二是通过提示、提问、讲述、暗示、示范等方式，指导幼儿感知和探索，帮助幼儿找到获得知识的途径，引导幼儿完成学习任务；三是在对全班幼儿提出统一要求时，要根据每名幼儿发展特点，进行有针对性的指导，争取让每名幼儿获得进步。

第二节 各年龄段幼儿语言区空间规划与环境创设的策略

《幼儿园教育指导纲要（试行）》（以下简称《纲要》）中指出，幼儿的语言能力是在交流和运用的过程中发展起来的。教师应为幼儿创设自由、宽松的语言交往环境，鼓励和支持幼儿与他人交流，让幼儿想说、敢说、喜欢说并能得到积极回应。语言区可以为幼儿提供更多交流的机会，幼儿既能自由地交谈、操作，还可以发展自主阅读、讲述、表演等能力。本书针对各年龄段语言区空间规划与环境创设展开研究。

一、小班语言区空间规划与环境创设的策略

（一）提供足够数量的书籍

小班语言区图书的数量要相对多一点，拥有足够的数量不仅能够给幼儿提供多种多样的选择，还能够使整个语言区充满书香的气息，不至于太冷清。丰富的绘本故事，让小朋友的选择多了，他们也会更愿意在语言区看书。这是锻炼幼儿的眼睛。

小班语言区书籍

（二）提供多品种的书籍

多品种的书籍主要是指两个方面：第一个方面是指书籍的制作材料，一些用不织布做的撕不烂的图书更适合小班幼儿，还有圈圈书等翻起来比较方便，适合幼儿操作。第二个方面是指书籍的内容，语言区里的书籍应该涵盖安全保护、生命科学、绘本故事等多个层面。教师将这些书籍分类摆放，方便幼儿查找。这是训练幼儿的大脑。

撕不烂的图书

（三）提供自制图书材料

语言区还可以提供一些固体胶、小卡片、勾线笔、蜡笔等材料，一方面幼儿可以修补破了的图书，增强幼儿爱护图书的情感；另一方面幼儿可以自己制作创编故事书，激发幼儿的创造力。一些能力较强的幼儿还可以将自己观看图书之后的感悟通过绘画的方式表示出来。幼儿在剪贴的过程当中体验到阅读带来的快乐。这是锻炼幼儿的双手。

自制图书

（四）提供有声绘本

有趣的材料能激发幼儿主动学习的兴趣，满足幼儿的好奇心。有声绘本对于小班幼儿来说就是能激发他们兴趣的材料，小班幼儿对于声音更加敏感，有趣的声音可以最大程度上吸引幼儿的注意力。教师可以发动家长，将幼儿讲故事的视频录下来生成二维码张贴在语言区内。准备 iPad 等设备，给幼儿扫描二维码听故事的讲解。有条件的还可以配备点读笔，幼儿用点读笔收听想听到的内容。现代化的教学设备能够最大程度地调动幼儿的积极性和创造性。这是打开幼儿的嘴巴。

二、中班语言区空间规划与环境创设的策略

（一）道具不同形式的呈现

教师可以在语言区提供故事盒子、手偶、头饰、故事筛子、故事裙子、小剧场、皮影戏等道具，鼓励幼儿多说多做。如故事筛子，可以准备三个筛子，上面有时间、地点和人物的绘画，幼儿随机筛筛子，然后根据筛到的内容串联起来编一个故事，相互讲述。又如故事围裙，幼儿随机从围裙中抽出主人翁、地点等，通过创编的方式大胆讲述与表演。这是训练幼儿的嘴巴、大脑。

幼儿讲述故事

（二）与表演区活动相结合

对于有趣的绘本故事，幼儿可以通过表演的方式表现出来。通过扮演各种各样的角色，体验有趣的故事情节，在表演的过程中多说、多做，极大程度地给幼儿创造讲述的机会，对于发展幼儿的语言能力有很大的帮助。表演区丰富的服装道具、头饰等，都可以成为幼儿表演的道具，使得表演更加符合绘本故事情节。语言区与表演区之间的相互配合，能够共同促进幼儿各方面能力的发展。这是释空幼儿的空间。

幼儿表演绘本故事

（三）提供相对宽松的时间选择

幼儿入园的晨间、点心后的碎片时间，语言区都可以对幼儿开放。只要有时间，且条件允许，都可以鼓励幼儿进入语言区阅读。

三、大班语言区空间规划与环境创设的策略

（一）“活”用教室空间，让语言区内充满童趣与温馨

结合大班幼儿的年龄特点，可以在语言区设置“今天我主持”“我给朋友打电话”“故事盒”“语言棋”“小小表演家”“布兜妈妈”“自制图书”等板块，然后结合班级的特色环境，和幼儿一起把语言区的整体氛围布置成适合幼儿的样子。有了幼儿参与的过程和内容，他们的成就感会更强，也会更加喜欢参与到语言区里。

材料支持

故事盒子

（二）“活”用材料资源，让语言区的材料丰富而合理

比如，在语言区添置丰富的用于表演的头饰、指偶、手偶、故事围兜等材料，让幼儿听了录音故事后自己去小舞台表演。又如，在自制图书板块，在语言区放上剪刀、旧图书、卡通图案、胶水、双面胶、透明胶、纸、笔等材料，设置由原有的几本图书，改为剪剪、贴贴、说说，由单纯的讲故事改为“故事盒”，妈妈给娃娃讲故事。再如，设置“图书修补站”，让幼儿根据提供的材料，自己修补弄破的图书，让幼儿懂得珍惜图书。这看起来是一个简单的过程，实则需要教师付出很多的心血才能“活”起来。

图书修补站

（三）“活”用家长资源，积极主动优化班级区域活动

现在的家长相对学历比较高，可以巧妙地利用家长资源优化班级语言区活动内容，让家长参与到活动中来，切实感受幼儿在语言区活动中的表现，尤其是让他们观察幼儿在语言区是如何活动的、如何准备材料的、如何解决问题的、如何与其他幼儿相处的……家长可以较全面地了解幼儿的游戏、成长情况，感受到语言区域活动的重要性，从而转变他们的育儿思想，紧跟现代育儿的新观念、新思想。比如，在语言区的“故事盒”板块里，小铁妈妈就因为上次参与了幼儿的语言区域活动，认为“故事盒”里缺少一点音频的东西，于是就把家里闲置的音响带到班级里，放到了“故事盒”里，幼儿非常感兴趣，不仅学会了如何播放故事，还会学习故事里语调的抑扬顿挫、声音的高低起伏、语速的快慢缓急。

亲子阅读

第三节 语言区空间规划与环境创设案例

一、语言区空间规划的案例

【案例一】

幼儿小米、心怡、豆豆和书瑶进入语言区。选择了语言区推荐的一本绘本《蚂蚁和西瓜》，他们准备在语言区的小帐篷里一起分享这个绘本故事。今天天气不是很好，小帐篷里显得有些不明亮，小米对心怡说："我们把小帐篷的帘子打开吧！"打开帘子后，光线明亮了起来。接着豆豆把故事小喇叭打开了，里面是他们想听的《蚂蚁和西瓜》。豆豆很认真地一边翻阅绘本一边听小喇叭里的内容，之后，她把这个故事讲给了书瑶听，书瑶在旁边很安静地帮忙翻着书。他们小声地交流着，豆豆边讲边说："蚂蚁想了很多办法，它们有的扛、有的抱、有的挑，很有趣，团结就是力量！"小米也凑过来说："我们能不能再听一遍这个故事？"大家都表示赞同，一边翻着绘本一边听小喇叭，心怡有时候还会跟着一起念一念、说一说。

阅读《蚂蚁和西瓜》

多媒体辅助阅读

【分析与思考】

《蚂蚁和西瓜》这个故事在集体活动中分享过，幼儿对有趣的故事情节产生了极大的兴趣，并且乐于在语言区中与其他幼儿分享互动。对该区域空间规划的要求是，要有充足的采光，还要布置得舒适、美观。

【活动策略调整】

《指南》中指出，语音练习，儿歌和听力游戏，可以帮助幼儿获取新概念，丰富词汇量，理解词语，掌握句法，发展口语表达能力，持续专心听讲，对听到的内容做出回应，提出问题和观点。在语言区，听的资源相对比较短缺，我们可以丰富录音对象，可以尝试让幼儿独自讲述、幼儿合作讲述、家长讲述、师幼合作讲述等方式进行绘本讲述录音，让幼儿在倾听的过程中更沉浸、更主动。也可以投放一些电子设备，让幼儿多途径地欣赏、倾听文学作品，满足不同层次幼儿的需要，加深他们对作品的体验和理解，养成安静倾听的习惯和能力。

【案例二】

进入语言区的幼儿：晨晨、子昊和大宝。晨晨刚进语言区就提议今天大家玩“我说你猜”的游戏，子昊和大宝表示赞同，经过讨论：晨晨是裁判，子昊说，大宝猜。晨晨整理了下语言区的各种图卡，出示一张给子昊看，子昊说：“它是一种吃的，紫色的！”大宝马上兴奋地说：“葡萄、葡萄！”子昊摇摇头说：“不是，不是！”大宝迫不及待地反问：“它不是水果？”子昊说：“不是水果，它有的长长的，有的胖胖的，反正我不爱吃！”大宝说：“哈哈哈，我知道了，茄子！”晨晨说：“答对了！”晨晨给了第二张卡片，子昊一看，做了一个青蛙的动作，大宝马上说：“青蛙！”晨晨裁判宣布无效，理由是不能做动作，只能说！大宝说：“对，我们的游戏就是我说你猜，我们就说，不能做。”于是三人继续游戏。

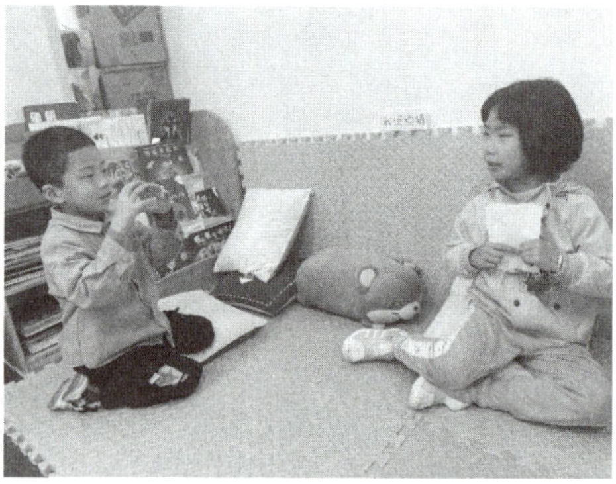

两人语言游戏

三人语言游戏

【分析与思考】

“我说你猜”的游戏锻炼了幼儿的语言表达能力。当他们接收到卡片信息的时候，他们会结合自己的已有经验，通过语言的整合，进行一个表述，从而双方都能更快、更准确地完成任务。在这样一个游戏的情景下，幼儿能愉快地、积极地用自己的语言对实物进行表述。

【活动策略调整】

《纲要》中指出，鼓励幼儿大胆、清楚地表达自己的想法和感受，尝试说明、描述简单的实物或过程，发展语言表达能力和思维能力。“我说你猜”这个游戏能提升幼儿“说”，随着区域活动的不断深入，游戏应不断地丰富起来，我们可以请幼儿自己设计各种事物卡片，可以让幼儿情景代入，请对方猜一猜绘本名称，等等。

【案例三】

进入语言区的幼儿：毛毛、陈一和甜甜。毛毛来到语言区的读写区域，拿起小鼹鼠的图片，自言自语地说：小鼹鼠在干嘛呢？它会碰到谁呢？它的好朋友是谁呢？毛毛从语言区找来了故事盒子，里面是一个大森林的情境，又从故事盒子里找来了小兔子和小狐狸。毛毛一边摆弄一边说：“美丽的大森林里有漂亮的小花，绿绿的小草，还有一只可爱的小兔子，它的名字就叫毛毛，它走啊走，摔了一个大跟头，它仔细一看，原来是小鼹鼠在挖坑呀……”

绘本表演 1

绘本表演 2

【分析与思考】

投入丰富的材料，满足幼儿对“读”的需要。有了新的情境和新的角色的加入，毛毛的故事讲述情节越来越丰富、有趣、饱满。

【活动策略调整】

现代化时代，教师可以灵活使用多媒体技术，将图片、音像、声音等结合起来，为幼儿创设温馨的“软”环境，让幼儿安静阅读。我们可以在语言区铺上泡沫垫子，摆放好小沙发和幼儿喜欢的一些玩偶，为幼儿营造自由阅读和陪伴阅读的温馨环境，培养幼儿认真阅读的习惯。

【案例四】

进入语言区的幼儿：方宇、小天、乐乐和紫萱。在多次分享《蚂蚁和西瓜》这本绘本后，今天他们商量自制一本绘本图书。方宇在白纸上画了一块大西瓜，说：“你们看，这么大的西瓜需要多少蚂蚁来搬呢？”小天说：“不用担心，你看我们画的蚂蚁，它们有三人一组、五人一组，还有更多的，它们的姿势也不一样！”方宇兴奋地说：“你们可真厉害！不只把绘本里的姿势都画出来了，还有其他的搬西瓜方式呢！”紫萱说：“是啊，你看，它们有的推着小车，有的拿着大袋子，哈哈哈，还有的开了大吊车来的呢！”三个人越说越激动。这时旁边的乐乐说：“你们可以安静点吗？我都看不了书了！”

阅读交流 1

阅读交流 2

【分析与思考】

由于语言区里没有专门设置单独的“写”的区域，在活动中出现了大家都在一个区域内相互干扰的现象，活动的进程也会受到限制与影响。

【活动策略调整】

设置独立开放的书写区，为幼儿提供笔、纸等文具，引导鼓励幼儿通过感知、涂画、涂写、模拟运用文字或符号等形式，用图形和文字向周围的人传递消息、表达情感。根据幼儿的年龄特点与学习的需求，教师在为幼儿创造一个自由、宽松、舒适的读写区环境的同时，幼儿也能够自主阅读、倾听、交流与表演。

二、语言区环境创设的案例

【案例一】

年龄段：小班

进入语言区幼儿：朵朵、小雨和书瑶。他们各自拿了一本书翻了起来，没一会小雨就去换书了。朵朵看见小雨换书了，也去换了。小雨翻了一会儿觉得很没劲，拍了拍语言区的沙发对旁边的书瑶说：这沙发的颜色是我喜欢的，我喜欢红色！朵朵见他们聊天，也一起加入了。

自主阅读

分享交流

【分析与思考】

虽然语言区的环境设置得很温馨，有漂亮的沙发和软软的垫子，可是活动材料比较单一，阅读的书基本是教师提供的，幼儿对这些书的兴趣不大，没有让幼儿加入选书的环节中。此外，材料的单一也局限了幼儿对语言区的兴趣。小班幼儿在语言表达的逻辑和内容上比较弱，语言发展的主要目标是激发他们想说的兴趣，因此材料投放需要多元化。针对小班幼儿的年龄特征与学习特点，教师可以将班级正在进行的主题活动渗透在语言区，让幼儿对熟悉的情、景、事、物有表达的欲望与机会。

【活动策略调整】

皮亚杰提出：儿童的智慧源于材料。在语言区材料投放时，应紧扣科学性、层次性和创造性，吸引幼儿主动走进语言区，充分激发幼儿的阅读兴趣，满足幼儿的阅读需求。在主题活动的开展下，选择适合幼儿在语言区的生成活动的图片、绘本等材料，积极为幼儿创造想说、敢说、愿意说的机会，让小班幼儿通过回顾学习生活获得新的语言知识和能力。

【案例二】

年龄段：中班

阅读绘本《种子去哪里》后，幼儿自发进行种植活动，他们到读写区查找种植的资料，例如，“什么季节该种什么？”“如何进行种植？”，还为自己的种植盆设计标记，每天照顾、观察种子的生长情况，做好观察记录。

观察种子

观察记录

【分析与思考】

幼儿区域活动或多或少都与其他区域存在着一些联系，读写区也不例外。《指南》中关于4—5岁幼儿阅读与书写的目标，明确指出：幼儿愿意用图画和符号表达自己的愿望和想法。区域互动，让幼儿在游戏中生发阅读的动机和愿望，而阅读也促进了其他区域活动的深入开展。

【活动策略调整】

在语言集体教学后，教师可鼓励幼儿到美工区自选材料，以绘画、泥塑、撕贴等形式将自己创编的内容以图画的形式展现出来，教师用文字记录每张图画所表达的意思，并装订成册，形成新的绘本书，投放到读写区中，供其他幼儿阅读。在语言区也可以针对班级的实际情况增加材料，比如，书写的桌椅，各类开放性材料、操作性材料，在幼儿想表达的时候可以多形式地辅助幼儿，提升幼儿的语言能力。

【案例三】

年龄段：大班

大班幼儿在进行集体阅读、分组阅读或者是独自阅读之后，会在语言区进行自制图书或者是阅读后情节拓展，幼儿可以合作或者独自完成。完成之后幼儿在语言区进行分享讲述，也可以根据自己或者同伴的需求进行剧本表演。

绘本剧表演 1

绘本剧表演 2

【分析与思考】

幼儿对亲手制作的图书有分享的欲望，在分享阅读区里能自信地和同伴分享交流图书内容，大胆表达对故事的理解。其他幼儿也能从同伴的图书中学到制作图书的方法，为制作图书拓宽思路。分享阅读是培养幼儿自主阅读的场所，能极大地满足个体需求，使幼儿在宽松的氛围中体验到阅读的乐趣。

【活动策略调整】

大班幼儿的类别意识在增强，教师可以引导幼儿将图书进行分类，幼儿可以设计类别标识来标识各类别的图书。大班幼儿在阅读材料的选择时，教师积极引导幼儿选择适合的内容改编成剧，并在阅读区里进行表演。在此过程中，教师利用小组活动时间组织幼儿排练、制作道具，排练好后让同伴观看。在语言区活动中，阅读空间是开放的，阅读形式是多元的，不同形式的阅读活动，能够激发幼儿的阅读兴趣，培养幼儿的阅读行为，真正发挥区域活动的实效性，让语言区域都“活”起来。

第四章 循规蹈矩 因势利导

——语言区规则与标识

本章简介

语言区规则的建立，有助于幼儿身心的健康发展，形象的标识更能激发幼儿探究与互动的兴趣。本章主要介绍幼儿园语言区规则与标识的概念、意义、创设原则及类型，以及语言区规则与标识创设的案例。

思维导图

- 语言区规则与标识
  - 语言区规则与标识概述
    - 语言区规则与标识的概念
    - 创设语言区规则与标识的意义
    - 语言区规则与标识创设的原则
    - 语言区规则与标识的类型
  - 各年龄段幼儿语言区规则与标识创设的策略
    - 小班语言区规则与标识创设的策略
    - 中班语言区规则与标识创设的策略
    - 大班语言区规则与标识创设的策略
  - 语言区规则与标识创设案例
    - 语言区规则创设案例
    - 语言区标识创设案例

第一节 语言区规则与标识概述

一、语言区规则与标识的概念

（一）语言区规则的概念

语言区规则是指在语言区大家一起遵守的制度与准则。为了让活动顺利开展并取得较好的效果，就要引导幼儿建立与执行语言区规则。语言区规则的有效建立，有助于幼儿身心健康的发展，并形成良好的行为习惯，同时提升幼儿的活动能力。语言区活动是不断更新变化的，因此语言区的规则不是一步到位的，而是要逐步完善与更新。这个过程体现出语言区规则的可替换性。当某一目标达成后，即可对相应规则进行更改替换。

（二）语言区标识的概念

语言区标识是指利用生活中常见的物品、标记与图画等形象化的语言对幼儿的行为进行引导。对于幼儿而言，语言区规则是较为抽象的，而标识是生动形象的，更能激发幼儿的探究与互动的兴趣。首先，良好的语言区标识有助于培养幼儿的社会意识与规则意识。幼儿能更自主有序地探索语言区中的环境与材料，并且能提高自我管理的能力。其次，良好的语言区标识是语言区活动顺利开展的有效屏障。将语言区标识融合在幼儿一日生活中，对幼儿的能力发展及教师的管理与指导都起到了至关重要的作用。

二、创设语言区规则与标识的意义

（一）创设语言区规则的意义

语言区规则在语言区活动中起到了至关重要的作用，因为这是保障语言区活动顺利开展的重要前提。语言区规则的建立主要包括规则建立主体、规则内容、规则呈现方式等板块。语言区规则建立的主体是幼儿和教师，语言区规则内容是指对幼儿在具体语言区活动中表现的相关规定及要求。语言区规则的呈现方式主要是规则的表现形式及规则的陈列方式，表现形式主要是指要用什么样的形式来表现给幼儿，在语言区活动中包含了口头语言及书面语言两种表达的类型；陈列的方式，简单来说就是语言区规则牌的摆放位置及摆放高度。

创设语言区规则的意义总结来说有以下两点。

1. 提升教师在规则教育中的实践水平

语言区规则旨在帮助教师更好地维护幼儿在语言区活动中的安全与纪律，协调好幼儿在语言区活动中的人际关系及幼儿在语言区活动中的学习行为规范与准则。语言区行为规范与准则的建立能够帮助教师意识到语言区活动中存在的不足，并且尝试找出相关的解决办法，从而建立起科学规范的语言区规则，对教师教育实践水平的提高起到重要的作用，对维护班级教学秩序具有较高的管理价值。

2. 提升幼儿在规则教育中的主体地位

教师要从幼儿的角度入手，尝试探索语言区规则，要给予幼儿参与与表达制定规则的机会，明白规则教育的最终落脚点是幼儿。

（二）创设语言区标识的意义

语言区标识具有引导的作用。在语言区设置区域标识，通过直观性的标识展示，幼儿可以快速了解标识含义，从而严格遵循语言区规则，逐步培养幼儿多种意识，促进其全面发展。创设语言区标识的意义总结来说有以下两点。

1. 提升幼儿的动手能力和主人翁意识

语言区标识制作通常是根据幼儿的能力水平来进行的。例如，小班语言区的标识制作可以由简单的图画剪纸来替代；中、大班幼儿可以根据自身能力水平来制作，随着游戏的深入推进进行更换代替。在这一过程中，幼儿的动手能力得到了明显增强，幼儿自主设计区域标识也提升了其主人翁意识，对培养幼儿的社会责任感有着重要的意义。

2. 培养幼儿学习习惯和生活自理意识

语言区标识中所传达的好习惯对幼儿的影响是潜移默化的，幼儿每天都在接受良好学习习惯的指引，在与周围生活环境相互作用的过程中，又不断习得新的良好学习习惯及生活技能，从而也增强了自理能力。

三、语言区规则与标识创设的原则

（一）语言区规则创设的原则

适宜的语言区规则能激发幼儿的想象力和创造力，为开展语言区游戏打下坚实的基础。语言区规则创设的原则主要有以下三个方面。

1. 教师主导影响活动正常开展的必要规则

在制定语言区规则时，一些影响语言区活动正常开展的必要规则，如不利于安全的原则等还是需要教师主导，在活动前就要明确规定，和幼儿商定沟通好，让每一位幼儿明确规则牌所要表达的意思。

2. 师幼商议解决活动正常开展中的问题

在设计规则的时候，教师应该与幼儿一同探讨在该语言区活动中可能出现的问题。在整个过程中，应该更多地指向幼儿，让幼儿自我去发现，自己来参与制定规则，这样结合了幼儿的意见，幼儿也能更好地遵守自己制定的规则。在与幼儿一同制定规则时，应该凸显支持性、开放性和互动性，最大限度地发挥幼儿的主体性和主动性。

3. 以幼儿为主体：商议活动开展中的争执问题规则

幼儿的心理与成人是不一样的。成人眼中的秩序往往是缺乏活力和死气沉沉的。要鼓励幼儿自己制定游戏规则，幼儿与幼儿之间共同商讨出的游戏规则往往比教师单方制定的更加具有说服力。

在活动中，教师可以让幼儿来担任小主人的角色，一起来制作固定规则。在游戏活动点评时，如果出现争执，可以让幼儿根据具体情况来生成一系列新的区域游戏规则。

（二）语言区标识创设的原则

1. 了解幼儿需求，让幼儿在活动中体会并遵守规则

标识的使用者是幼儿，教师应该多给幼儿创造设计标识的机会，将设计区域活动标识的权力交给幼儿，帮助他们增强对图形标识的关注度，共同设计出清晰、易懂的标识。标识就像是无声的“老师”，指导幼儿理解并掌握区域中的游戏常规。教师应该用多种形式让幼儿亲身参与到区域标识的设计中，在与标识互动的过程中，让幼儿体会到规则的重要性。[1]

---

[1] 吴根花．标记在幼儿园区角活动中的有效性［J］．成才之路，2014（10）：84.

2. 丰富标识形式，让幼儿在设计中理解并遵守规则

标识的形式主要包括过程性标识、描述性标识、表示性标识。丰富多样的标识形式，可以使幼儿更好地理解并遵守规则。

3. 加强理论学习，让教师在学习中完善并创新规则

教师阅读专业的书籍及外出培训可以增强标识设计水平，提高艺术审美能力，将专业知识化为适宜的设计想法。此外，在外出培训、参观学习的过程中，教师也可以通过同行引领将自己所学到的经验进行内化，最终创作出适合自己班级的标识。

四、语言区规则与标识的类型

（一）语言区规则的类型

1. 安全规则

安全规则主要指对幼儿在语言区活动中的安全要求，具体包括对幼儿行为上的要求及对于材料的安全使用等要求。

2. 组织规则

组织规则主要指幼儿在语言区活动中的游戏基本流程，具体包括语言区活动主题、进区人数等。

3. 取用规则

取用规则是指在语言区活动中如何选取游戏材料，具体包括语言区材料如何选取、如何使用及如何摆放等。

4. 交往规则

交往规则是指幼儿在语言区活动中与同伴交往需要遵守的一些规则，具体包括相互协商的规则，如分享玩具、分工合作、相互帮助等方面的规则。

5. 事件规则

事件规则主要是指在游戏中的具体规则，如在语言区游戏中，看书的小朋友看好书后要将书本摆放整齐。

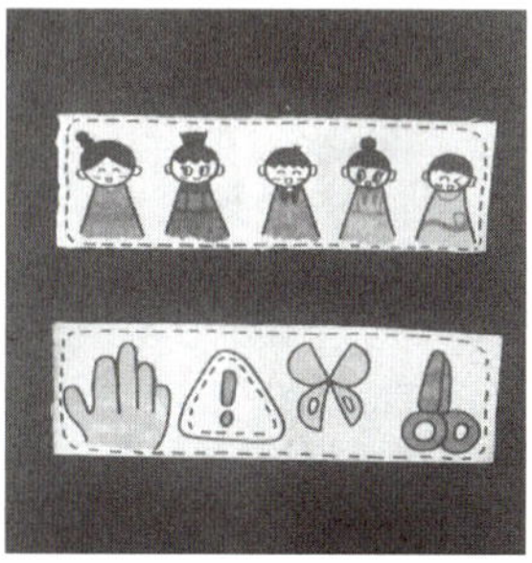

安全规则牌

交往规则牌

事件规则牌

（二）语言区标识的类型

1. 实物型标识

实物型标识是指在语言区标识中，利用实物等具体物品标识来指示区域的布局，营造活动氛围。例如，在语言区可以用书架、柜子、地垫等实物标识来摆成开放式的小空间，让环境来引导幼儿主动学习和思考。

实物型标识

2. 图示型标识

图示型标识主要是指以直观的图画、图示等为主要形式的语言区区域标识。例如，语言区中的修补图书、制作图书、借阅图书等图片类标识，一般由师幼共同商议和制作，这也是最简单直观的标识。

3. 文字型标识

文字型标识主要是指结合图画和文字将规则展现出来，让幼儿能理解规则内容。这种方法比较适合大班幼儿，因为他们即将升入小学，识字量相对小班、中班幼儿更多，文字型标识有利于他们认知能力的提升。

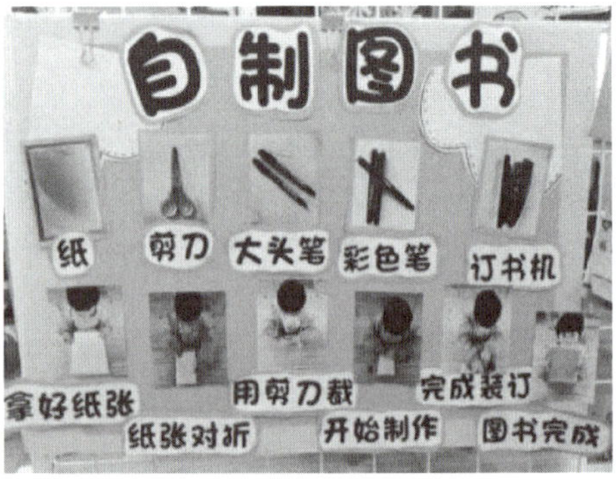

图示型标识

文字型标识

4. 角色型标识

角色型标识主要是指用角色标志暗示区域活动中的角色，发展活动情节。例如，语言区可以有听、说、读、写四个方面的挂牌，或者图书修补者的角色牌子、今天播报小故事的牌子、语言区管理员的挂牌等。

5. 照片型标识

照片型标识主要是指将操作顺序或者游戏玩法用一系列照片加标注型的标识，可以帮助幼儿理解和识别游戏操作步骤。如在制作连环画的时候，可以用一些照片加图示的方式让幼儿理解，以便操作。

角色型标识

照片型标识

第二节 各年龄段幼儿语言区规则与标识创设的策略

一、小班语言区规则与标识创设的策略

（一）小班语言区规则创设的策略

1. 依据小班幼儿的学习特点有针对性地创设规则

小班幼儿的理解认知能力较弱，规则意识淡薄，大部分幼儿在活动和学习中都是随心所欲的，所以在语言区活动中会出现各种各样的问题。此时教师需要在活动中仔细观察，找出主要问题并且制定相应的规则。在语言区活动中要引导幼儿学习、遵守相应的规则，规则的内容也要简明扼要，避免出现规则建立太多或难以理解导致幼儿记不住的情况。

小班语言区规则

2. 根据语言区活动时的环节培养幼儿的规则意识

在语言区活动开展前，教师要带领幼儿熟悉活动中需要遵守的规则，明白且记住相应的规则，做好心理准备。在活动进行中，考虑到小班幼儿的年龄水平及自控能力差等原因，教师要适时地对幼儿进行有针对性的引导，通过图片来提醒他们需要遵守的规则。在活动结束后，教师还应该及时与幼儿一起对活动进行评价，对遵守规则的幼儿进行表扬和鼓励，以此激发幼儿的游戏兴趣。

（二）小班语言区标识创设的策略

小班幼儿可以自主地选择游戏的内容，并且学习探索游戏规则。教师在设计活动标识时，应根据小班幼儿的年龄特点及当下的学习能力，设计出让不同能力的幼儿都可快速辨识的标识。小班幼儿对自我的生活是比较感兴趣的，所以要选择与他们生活息息相关的事物，让标识发挥暗示的作用，以提高幼儿的自我管理能力。具体来说，小班语言区标识创设的策略有以下两点。

小班标识一一对应

1. 特色标识暗示区域游戏规则，深化活动内容

特色标识是幼儿身边不会说话的“小老师”，可以发挥其在语言区中的独特作用。根据语言区区域特色标识，幼儿可以避免与同伴发生矛盾，并且以特色标识作为主要载体，让这些形象有趣的标识与幼儿说话，使幼儿在轻松愉快的氛围中理解和接受语言区规则。

2. 图示标识暗示区域整理规则，自觉分类摆放

在语言区游戏中，教师可以利用标识图来帮助幼儿进行辨别及图书分类。如在语言区中设置“图书宝宝的家”，幼儿看到“图书宝宝的家”这个标识的时候就会将书籍整理得井井有条。

二、中班语言区规则与标识创设的策略

（一）中班语言区规则创设的策略

1. 根据中班幼儿的年龄特点来制定规则

中班幼儿是活泼好动的，比起小班时候更愿意大胆、自由地开展活动。而且中

班幼儿生理方面也进一步成熟，可以更主动地参与到各项活动中。但正因为中班幼儿是活泼好动的，所以常常会有违反规则的行为发生，并且注意力不易集中，因此教师要根据这一阶段幼儿的年龄特点来制定规则。

2. 根据中班幼儿的学习方式来理解规则

中班幼儿需要使用多种感官来感受学习，因为这样可以感受到语言区的规则、目的及其中的意义。幼儿将这些信息进行整合，使规则由抽象变成了具体。

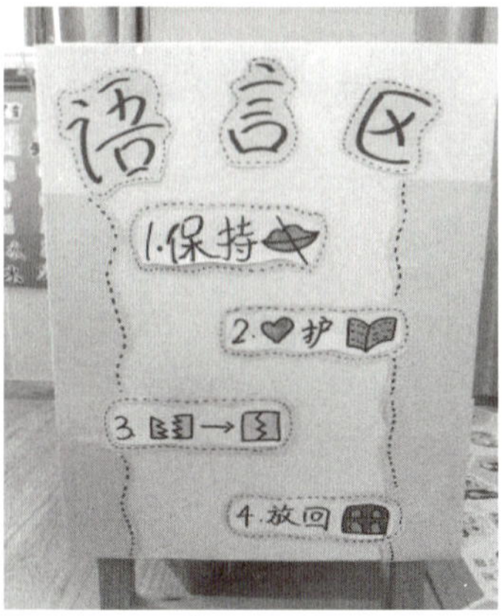

中班语言区规则

首先，幼儿使用了视觉去感知，知道了在语言区活动中看到这些规则时自己应该做什么，哪些行为是不可以的；其次，幼儿使用了听觉去感知，教师利用幼儿熟悉理解的语言进行补充说明，帮助幼儿梳理语言区规则的关键点；再次，幼儿通过具体行为去感知，幼儿的自我控制能力较弱，所以更要有计划有目的地进行训练；最后，引导幼儿利用思维感知，在游戏讲评的过程中，知道这些区域游戏规则的意义，以及违反规则会有什么样的影响。

（二）中班语言区标识创设的策略

1. 利用丰富的标识，发挥环境的隐性作用

中班幼儿的思维特点就是具体形象思维得到了发展，所以可使用丰富形象的标识来了解语言区规则并遵守这些规则。环境也是重要的教育资源，教师要注重发挥环境的作用来更好地提升幼儿的规则意识。比如，在语言区的外面贴上小脚丫，幼儿就知道在这个地方要脱鞋子。不同的语言区区域材料都有摆放的标识，幼儿知道了如何进行收纳整理，那么这些规则就都潜移默化地成为了他们的习惯。

2. 参与标识的制作，发挥幼儿的主观能动性

中班幼儿要参与到标识的设计与制作中去。幼儿是环境创设的参与者，如果忽视了幼儿在标识创设及环境创设中的作用，那么就剥夺了幼儿的自主表达权。如果单纯是教师设计的，幼儿就会不理解及不认可老师灌输的东西。在这一过程中，教师要倾听幼儿的想法，才能更好地发挥环境标识的作用。教师要与幼儿一同设计标识，并且在具体的语言区活动中进行不断的实践和完善。

中班语言区标识

三、大班语言区规则与标识创设的策略

（一）大班语言区规则创设的策略

1. 引导幼儿有目的地讨论

比如，语言区中新增加了图书管理员这个角色，教师就可以与幼儿一起讨论，让幼儿回答：你认为什么是图书管理员？图书管理员的工作职责是什么的？幼儿就可以大胆地表达看法，并且在接下来的游戏活动中自主制定游戏规则。

大班语言区规则

2. 在活动中逐步修改规则

在活动中如果发现了规则方面的问题，教师不用急着去解决，可以逐步进行引导。比如幼儿在阅读图书的时候不小心撕坏了书籍，那么可以让幼儿自己进行整理修补。在语言区游戏前和游戏后都可以商量修改规则，培养幼儿自主解决问题的能力。

（二）大班语言区标识创设的策略

1. 引导幼儿自主设计标识

大班幼儿喜欢用分类比较及推理的方式来探索发现，教师可以引导大班幼儿在语言区使用较抽象的符号及自己设计的标识作为游戏标记。

大班设计标识

2. 学习多种标识设计形式

比如暗示法标识，大班幼儿可以通过环境标识来知晓语言区游戏的位置、游戏的人数及游戏插牌。提醒法标识，提醒人可以是教师，也可以是幼儿；提醒的方式可以是口头直接提示，也可以是动作提示或采用一些提醒性质的标识。

第三节 语言区规则与标识创设案例

一、语言区规则创设案例

（一）小班案例

【案例】

从小班入学到现在，我发现班级语言区中的书架上的书都越来越破了。也不知道到底是怎么回事，因为在平时的区域游戏巡视中，也没有发现小朋友之间争抢书籍或发生争吵。于是我连续几天对班级语言区进行深入观察。又到了游戏的时间，今天琪琪、甜甜、冰冰和浩浩选择了语言区。他们笑眯眯地来到了语言区，想要一起看书。这时候琪琪和甜甜都喜欢上了班级内新投入的书籍——一本巧虎书。琪琪说：“我先看到的。”甜甜说：“我先看到的。”琪琪说：“你瞎说，明明是我先看到的。”甜甜也不甘示弱，两个人吵了起来。这个时候冰冰对琪琪和甜甜说：“你们不要吵了，老师说要相互分享，不可以吵架的。”但是甜甜有点生气，把巧虎书重重地扔在了地上，在那边鼓起了小嘴，很不开心的样子。冰冰和浩浩一开始也在那边看书，但是看着看着就觉得无聊了，两个人就用自己手中的书打来打去，打完了还把书随手一扔，扔在地板上。区域游戏结束了，冰冰和浩浩还在书上面踩了一脚，甜甜和琪琪也没有把刚刚看过的书籍摆放好，只是随便一塞。书架上很多书都东倒西歪的，看上去破旧不堪。在游戏结束时，我与小朋友一起进行了游戏讲解，让小朋友看着语言区中书架上的书，说出自己的看法。小米说：“老师，这本书怎么这样破呀，它一定非常伤心。”小可说：“老师，这本书躺在了地上，都没有回到它的家，也一定非常伤心。”于是，我就和小朋友商量：我们应该怎么样来保护好这些书呢。天天说：“我们不可以把书本乱丢，也不可以抢来抢去，一本书看完后我们轮流看。”我就对小朋友说：“是的，我们要遵守规则。”于是拿起了语言区中的规则牌，告诉小朋友：书籍看完就要摆放好，不可以乱丢；与其他小朋友一起看书也要注意，不可以争吵，要友好合作。

【案例分析】

虽然幼儿在区域活动中有了规则意识，但是小班幼儿的控制能力有限，很多的事情都需要教师的教育与引导。他们对什么事情都感兴趣，但是很快又会失去兴趣。幼儿很多的意识会不自觉地转接。所以，在小班幼儿看书的时候，教师就要给他们灌输规则意识，懂得怎么样看书和爱护书籍。相信小班幼儿在教师的引导和提示下，一定会做得越来越好，更爱护书籍了。

（二）中班案例

【案例】

在班级语言区中，小书吧里面增加了《我是小主播》这个游戏板块的内容。小朋友们看到了这个板块后都非常好奇，这个地方到底是可以做什么的呀，我在里面要说一些什么呢。源源在那边猜测："我觉得在这个地方，小朋友可以表演故事。"听着孩子们的讨论，我也加入了其中。在规则牌的设计中，我也结合了中班幼儿的学习方式及学习特点，运用了小朋友们可以看懂的方法来展示。首先我问小朋友："小朋友，你看看这个规则牌上面说的是什么意思呀。"琪琪说："这个意思就是可以开口说话。"源源说："这两个小朋友在一起的意思就是可以两个人一起讲故事。"小朋友们都在那边说出自己的想法。最后我跟小朋友们解释规则牌中的意思就是："可以与同伴一起表演故事，大胆地讲出自己准备的故事。"在语言区中的"倾听与表达"中，小朋友们也可以大胆地来讲述了。

我们班级的故事大王瑞瑞也来到了语言区，他看了看这块规则牌，认认真真地说出了这个规则牌中的意思，还对小朋友们说："大家好，你们快看，我是故事大王，今天我来为大家讲一个好听的故事。"许多小朋友都聚集在语言区，大家都安静地听着故事大王瑞瑞在那边讲好听的故事："在很久很久以前，有一只小麻雀，在妈妈的精心照顾下，小麻雀的羽毛也渐渐地丰满了起来……"故事大王在那边说着自己的故事，小朋友们都听得津津有味的。

【案例分析】

瑞瑞是我们班级里面语言表达能力非常强的一位幼儿。一开始我设计了故事大王这个游戏板块，但没有把规则牌放上去。中班幼儿都不知道自己要在里面做什么，这个里面可以做什么。在中班幼儿的理解中，班级语言区是安静地看书的地方，所以不敢在里面开口讲故事。在制作规则牌后，我与幼儿一起探讨、商量规则牌中的含义。幼儿明白了规则牌中的含义后，就开始大胆地在这个板块中进行了故事表演。所以对中班幼儿来说，他们也要参与到规则牌的设计与制作中去，因为幼儿是环境创设的参与者。如果规则牌单纯是教师设计的，幼儿就会不理解及不认可教师灌输的东西。教师在与幼儿共同设计与制作规则牌时过程中，要倾听幼儿的想法，才能更好地发挥规则的作用。

（三）大班案例

【案例】

今天上午，露露来到了班级语言区中，非常兴奋地拿起了书。露露一会儿看看这本书，一会儿看看那本书。最后确定了一本书，是《海的女儿》。露露一开始在那边非常认真地看，但是看了一会就开始翻来翻去，好像已经失去了耐心一样。我走到她的身边轻轻地问："露露，书看得怎么样了呀？"露露说："我看这本书有点看不懂，里面有些字我不认识，我感觉这样看书很无聊。老师，我还是继续去玩娃娃家的游戏吧！"我喊住了她，并且告诉她："露露，我们开始看书的时候先要认识书本中的字宝宝。你看！这个规则牌里面就说了，想要学会看书就要先学会认识一些简单的字。"因为我们大班已经开始有了简单的组词的游戏了，于是我就给又露露介绍了组词的游戏，并且介绍了游戏的规则，这样她就可以开始大胆地创编了。露露认真地听我说着，知道了要怎么样来玩这个组词的游戏。露露说："老师，我现在知道了，应该要怎么样来玩这个游戏了，我明天就和同学们一起玩。"

【案例分析】

教师要与大班幼儿一起设立规则，并且与他们讨论规则牌，让他们成为规则的主人。

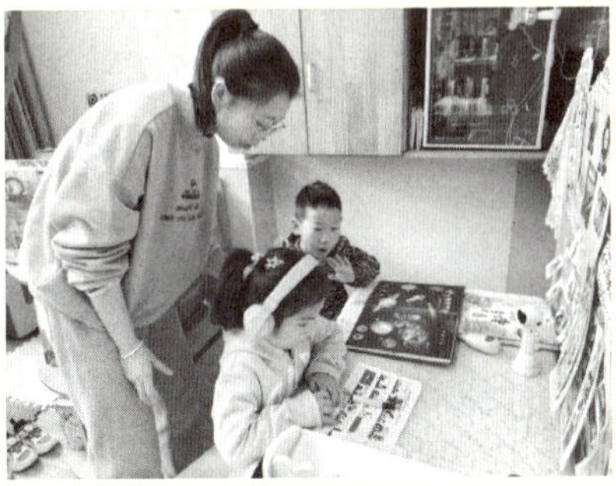

教师为大班幼儿讲解区域游戏规则

二、语言区标识创设案例

（一）小班案例

【案例】

开学两个月了，孩子们已经投入到了快乐的幼儿园生活中。瞧！他们正在各个区域中快乐地游戏呢！在语言区里，乐乐、妮妮正玩得起劲。乐乐拿起一本巧虎书，笑眯眯地说："宝宝家里也有巧虎书！"妮妮走过来，叉着腰说："我家还有巧虎玩具呢！是一个巧虎上厕所的小马桶玩具，可好玩了！"乐乐歪着头附和道："那你下次带来让我看看！"妮妮说："那好吧，明天我带来给你玩！那现在我们一起看这本书吧！"两个小朋友钻进帐篷一起看书了。一个翻书，一个嘴里嘀咕着："巧虎肚子不舒服了，想上厕所了。""哎哟，厕所在哪里呢？"……

过了3分钟左右，他们从帐篷里出来了，乐乐将书放在了第二排的第二格里，一边放一边对着上面的标识——书的封面图片看了一下，笑着说："我放得对的！"过了一会儿，妮妮指着第三排第一格里的绘本——《猜猜我有多爱你》，说："我们看这本吧！我家也有这本书！"乐乐指着一旁的恐龙书，说："我想看恐龙书了！"妮妮嘟着嘴，坐在了一旁的沙发上，说："那好吧！《猜猜我有多爱你》这本书，我可是很会讲哦！"乐乐拿起恐龙书，坐在了妮妮一旁的沙发上说："那好吧！我先听你讲故事，等会再看恐龙书！"妮妮笑着开始讲了起来……

【案例分析】

案例中，幼儿虽然是刚上小班，但是他们拿书、放书都是按照书架上的标识来操作的。每个书架每一格上的标识，教师都是按照书的封面拍照打印出来一一贴上的，因此，小班幼儿在教师设计的标识指引下，也都学会了如何一一对应。

小班幼儿是有能力差异的，语言区里的标识也不是一成不变的，教师可以慢慢地进行更换，比如书架的第一、二、三排的书还是继续以照片形式，第四排可以画上动物的标记，暗示小班幼儿跟动物有关的书籍可以放在这里，慢慢地让他们进行初步的分类。

（二）中班案例

【案例】

区域游戏开始了，苗苗和珊珊在语言区拿着手偶开始表演故事。苗苗拿着小兔子的头饰，一边把手指伸进小兔子手指套，一边说："小兔子想要离家出走了。"珊珊扮演小兔子妈妈，她拿着一个大一点的兔子手偶说："无论你去哪里，我都要找到你，因为你是我的小宝贝呀！"苗苗拿起道具——小河、小鱼图片说："我要变成河里的小鱼，让你找不到我！"珊珊拿起道具——捕鱼的人图片，说："如果你变成小鱼，我就变成捕鱼的人去抓你！"……玩了一会，两人决定去阅读角看书了，于是两人开始整理刚才玩的道具。

珊珊把所有的材料拿在手里，正要放回第二排篮子里去，苗苗大喊着："刚才不是放在这里的，是放在第一排篮子里的！"珊珊又把放回去的东西拿出来，回过头对苗苗说："那你放吧！"苗苗接过书放在了第一排篮子里，一边放一边说："拿的时候要看好，从哪里拿放哪里！"珊珊摸着头说："看了一会了，我早忘记了！"苗苗说："我家里也有一个书架，我和我哥哥的书都放得很整齐的，我妈妈教我们的！"珊珊静静地看着书架，蹲下身，指着书架上第一排的小动物标识说："这里有一个小动物标识，《逃家小兔》讲的就是动物的故事，原来是这样放的呀！"苗苗也蹲下身，看了看说："哦！原来这样！第二排画了一棵树，就都是植物的书！""第三排画了字母，是一些字母卡片吧！"两个孩子开心地诉说着自己的发现。

【案例分析】

案例中两个幼儿通过观察标识，找到了材料摆放的区分方法：语言区材料摆放的标识划分为动物、植物、字母卡片等。通过询问教师了解到，这个标识是最近刚弄好的。前段时间中班幼儿玩好游戏，把好多材料都乱放。于是教师就做了一些标识，便于他们能够区分。在游戏分享环节，教师表扬了两个幼儿看标识整理材料的做法，并拍下照片让全班幼儿一起看，引导中班幼儿学会看标识整理材料。

中班幼儿其实可以做一些力所能及的事情了，做标识可以根据中班幼儿的想法，让他们来合作完成。比如，故事表演类的游戏材料，可以单独放在一个个容器里，让中班幼儿在容器外面手绘一些简单的故事人物，这样中班幼儿想要表演哪个故事，就可以准确地拿取整个材料盒。这样不仅让中班幼儿学会了自己设计标识，而且可以让他们更方便地拿取材料。

（三）大班案例

【案例】

语言区里四个孩子正在游戏，珩珩就是其中一员。只见他从阅读区里出来，来到了写字区，然后他从书写篮子里拿出了一张白纸、一支笔，画了一个奥特曼。他笑着喊来正在看书的景文，说："嘿，你来看，我画了一个奥特曼，我等会还要画奥特曼打怪兽，我想画一系列的奥特曼打怪兽的故事！"景文仔细看了看珩珩的画，点点头说："画得还不错嘛，需要我来帮你涂色吗？""好呀，好呀！我们合作完成！"两个孩子开始了忙碌的工作，这一页是银河奥特曼，这一页是泰罗奥特曼……8分钟后，两个孩子开始整理画纸。这时候，老师走过来，问："你们在创作什么呀？""老师，我们在画一本有关奥特曼的故事书！""挺不错的嘛，需要我帮忙吗？""不用啊！老师你看！"只见珩珩从写字区的篮子里拿出了一些绳子和一把手工剪刀，说："我们可以在书上挖洞，用绳子串在一起，就像我们上次在自然角做的蔬菜目录一样！"景文点头附和着："是呀！除了绳子，我们还可以用订书机，让老师帮忙也可以，不过我们现在想用绳子来完成！"两个孩子很快就完成了创作小书的工作。老师又问："那么你们这本小书要放在哪里呢？"两个孩子开始环顾四周，四处找了起来。

过了一会儿，珩珩指着阅读区最下面的空格说："看，这里，我们可以把创作的小书放在这里，这样小朋友们可以来看我们的故事书！"老师走过去蹲下身说："行倒是行的，就是没有标识啊！我们还需要画一个标识，这样可以一一对应，下次拿取就方便了！""好呀，我们现在开始设计标识吧！"两个孩子开始忙碌起来……

【案例分析】

在解决一系列问题时，两个幼儿不断沟通、不断寻找有价值的资源，直至最后解决问题。从中我们可以看到两个幼儿积极主动、认真专注和互帮互助的优良学习品质。教师在这一过程中也起到了适时点拨的良好作用，让孩子们知道了标识的作用。

这样的活动可以在游戏时进行正面分享，让大班幼儿自评和他评，引导大班幼儿了解语言区里的标识还可以自己设定，并做到一一对应。

第五章 丰富适宜 动态调整

——语言区材料投放

本章简介

语言区材料是幼儿开展听、说、读、写活动的重要载体。本章首先从语言区材料的内涵、材料投放原则、材料投放注意事项这三方面进行阐述；接着从各年龄段幼儿发展特点出发，详尽介绍了各年龄段语言区材料投放的基本要求与策略；最后给出了语言区材料投放的案例。

思维导图

- 语言区材料投放
  - 语言区材料投放概述
    - 语言区材料的内涵
    - 语言区材料投放原则
    - 语言区材料投放注意事项
  - 各年龄段语言区材料投放的基本要求与策略
    - 各年龄段语言区材料投放的基本要求
    - 各年龄段语言区材料投放的策略
  - 语言区活动材料投放案例
    - 幼儿图画书自主阅读行为案例
    - 幼儿故事表演自主行为案例
    - 幼儿自制玩教具“魔法电视”探索案例

第一节 语言区材料投放概述

教育部《指南》中指出，要为幼儿提供丰富、适宜的低幼读物，经常和幼儿一起看图书、讲故事，丰富其语言表达能力，培养阅读兴趣和良好的阅读习惯，进一步拓展学习经验。由此可见，在幼儿语言区投放材料是幼儿开展听、说、读、写活动的重要环节。

一、语言区材料的内涵

（一）语言区材料的概念

区域活动中的材料是幼儿开展活动的重要载体，也是活动顺利展开的物质保障。本主题中的语言区材料是指教师在创设语言区活动时有目的、有计划地为幼儿提供的各类物品和游戏素材的总称，包括如录音机、绘本等成品材料，也包括由教师和幼儿利用自然材料、废旧物品等制作的自制材料。

（二）语言区材料的分类

根据不同的划分维度，语言区材料可以进行多种方式的分类，如根据材料的性质可分为成品材料、半成品材料和自然材料；根据材料的功能可分为基本游戏材料、辅助游戏材料和自制游戏材料；根据语言区活动可分为倾听类材料、讲述类材料、阅读类材料和前书写类材料等。

（三）语言区材料的特点

1. 文学性

文学是一种用口语或者文字作为媒介，表达客观世界和主观认识的方式和手段。当文字不单单用来记录，而被赋予其他思想和情感，并具有了艺术之美，才可称为文学艺术。文学起源于人类的思维活动，按照载体来分可以分为口头文学和书面文学。口头文学是最早出现的文学形式，是从乡间田头诞生出来的文学，很多民间文学都是以口口相传的方式流传下来的，例如，神话传说、歌谣、打油诗，这些文学作品往往语言质朴、有趣且贴近幼儿的生活，是幼儿语言活动的好素材。书面文学是在口头文学的基础上逐步形成的，儿童诗、儿童散文、绘本故事等都是专为儿童撰写的书面文学作品，也是幼儿园语言区的常用材料。《纲要》指出，我们要引导幼儿接触优秀的儿童文学作品，使之感受语言的丰富和优美，并通过多种活动帮助幼儿加深对作品的体验和理解。由此可见，教师在进行语言区材料投放的时候要考虑材料的文学性特点，让幼儿能够在与材料互动的过程中感受语言文字的艺术之美，感受文学作品所蕴含的思想情感。

2. 情境性

语言区整体环境

情境即情况、环境，是由外界、景物、实践和人物关系等因素构成的某种具体的境地。幼儿语言的学习和运用都不是凭空产生的，都是在一定情境之下自然而然发生的，所以教师在投放语言区材料的时候要注意材料的情境性。要从幼儿真实的生活情境中去寻找语言区游戏的材料，通过语言材料的投放营造激发幼儿开展语言活动的情景。从与幼儿息息相关的生活中寻找适宜幼儿的游戏材料，能够更好地激发幼儿参与语言区活动，并在活动中产生表达的欲望。例如，在“春天”的主题中，教师在语言区投放幼儿野餐的照片，幼儿就有源源不断关于野餐的话题可以讨论。材料本身也是环境的一部分，教师也可以通过材料的投放来为班级的语言区营造一个适宜开展语言活动的情境。例如，一个放满绘本且绘本的封面都被整齐地展现出来的书架，能够吸引幼儿去挑选绘本开展阅读。一个轻轻播放故事且有舒服的小沙发可以靠坐的故事角，只要幼儿走进其中就很容易坐下来安静地倾听。

共读绘本

3. 互动性

互动是彼此联系、相互作用的过程。幼儿操作材料的过程就是与材料产生互动的过程，以材料作为媒介也能够更好地激发幼儿之间、幼儿与教师之间的互动。语言是交流的工具，而交流是双向的，幼儿语言发展可以分为“输入”和“输出”两个部分，倾听、阅读是典型的输入活动，而讲述、书写则明显是输出活动。在语言区中教师有意识地投放具有互动性的材料，能够引导幼儿专注地进行倾听和阅读活动，在活动中更高效地获取信息。围绕某一材料（主题）而展开的讲述活动或前书写活动能够促进幼儿表达的准确性。幼儿的语言是在运用的过程中发展起来的，语言区材料的互动性不只是强调幼儿与材料之间的互动，也要关注材料是否能够引导幼儿在活动中共同参与、相互交流。例如，在语言区中投放与当下主题高度相关的大开本书籍，在阅读活动中就容易出现共读书籍、相互讨论的情况。

4. 开放性

具有开放性特征的材料往往不具有相对固定的玩法，幼儿可以根据自主意愿去创造性地使用这些材料。通过观察幼儿的活动，教师可以发现，当幼儿使用开放性的材料去设计游戏时，相较于玩法固定的材料有更多的创造性。开放性的语言材料还具有多种组合的可能性，例如，在前书写活动中，有的教师会给幼儿提供空白的装订本，这些装订本到了幼儿的手里往往就成了自制绘本，但如果给幼儿提供纸和订书机，那么幼儿的活动就有更多的可能性。开放性的材料也应该能够激发幼儿的创造欲望，例如，教师在为“你演我猜”的游戏提供图卡的时候除了现成的图卡之外，还给幼儿提供了一些空白的图卡，为幼儿的游戏留下创造的空间。

二、语言区材料投放原则

（一）面向全体原则

在一个班级中，不同性别、性格、能力水平的幼儿对于语言区材料的偏好也各不相同。在自主选择的区域活动中，选择语言区游戏的幼儿数量相对较少，且同一个班级中选择语言区的幼儿相对固定。因此在进行语言区材料投放时，教师要面向班级全体幼儿，按照不同幼儿的需求，投放符合班级绝大多数幼儿兴趣的材料，吸引更多的幼儿参与到语言区的活动。例如，在语言区投放图书材料的时候，教师可以先通过调查了解班级幼儿对于图书的不同偏好，将调查结果进行统计之后再按照统计结果投放适宜图书，同种图书的投放数量也可以根据统计结果进行调整，保证图书的数量能够满足幼儿的需求。当然，在投放图书的过程中，除了可以参考对幼儿喜好的调查统计，教师也可以结合日常观察，了解幼儿的阅读水平，根据观察到的情况，调整班级图书投放的难度，让不同水平的幼儿都能够在语言区中找到适合自己的图书。面向全体幼儿体现的是语言区在材料投放上的层次性，能够在一定程度上提高语言区对于幼儿的吸引力，教师只有综合考虑本班幼儿的情况，在语言区中投放适合班级绝大多幼儿的材料，才能创设一个面向全体幼儿的语言区。

（二）丰富而适量原则

种类丰富的语言区材料能够充分满足幼儿参与语言区游戏的个性化需求，而数量合适的语言区材料则更有利于幼儿在语言区活动中运用语言进行交往。所以，教师在投放语言区材料的时候要进行结构、质量、数量上的评估，保障语言区材料投放丰富且适量，这有益于激发幼儿的语言活动，促进幼儿语言能力的发展。丰富而适量原则要求教师在进行语言区材料投放的时候要把握好一个度，要根据不同年龄段幼儿语言区活动的不同特点调整材料投放的方式，既满足幼儿语言区活动的开展，又不能让材料对幼儿的活动产生干扰。例如，小班幼儿的游戏水平处于联合游戏阶段，在游戏中他们喜欢模仿同伴的行为，所以在投放同种语言区材料的时候要保证一定的数量，满足区域中活动的幼儿能够在同一时间开展相同的活动。而进入中、大班之后，幼儿的社会交往水平逐步提升，教师就要有意识地为他们创设合作游戏的机会，可以适当地减少同种材料的数量，或者投放一些需要幼儿合作开展游戏的语言材料，引导幼儿共同参与语言区活动，激发幼儿在游戏中的语言交往行为，促进幼儿语言能力的发展。

小班语言材料

中班语言材料

（三）可操作性原则

幼儿是在操作材料的过程中不断积累经验，从而获得能力上的发展的。语言区材料的可操作性是幼儿持续参与语言区活动的保障，也是幼儿能够在与材料的互动中获得发展的关键。在进行语言区材料投放时，教师要对材料与幼儿可能产生的互动进行预设，保证语言区的材料能够激发幼儿持续地、创造性地进行语言活动。具有可操作性的材料更能吸引幼儿参与语言区的活动。例如，在大班语言区投放的“你说我猜”语言材料，如果教师只是提供现成的图卡，那么幼儿的游戏就是在教师预设的范围内进行有限的语言交流，但是如果在幼儿游戏经验的基础上为幼儿提供空白的图卡，让幼儿根据自己的经验绘画不同的事物开展游戏，那么幼儿能够持续游戏的时间就会更长。

（四）激发表达原则

语言区材料的投放要有助于区域中语言氛围的营造，让幼儿在与同伴互动的过程中有表达和交流的欲望，想说、敢说、乐意说。能够激发幼儿表达欲望的语言材料主要包括以下两种类型：第一种类型的材料，其自身具有互动性，能够引发幼儿表达的欲望。这种类型的材料往往贴近幼儿的生活，甚至可能与幼儿本身的经历息息相关。例如，在《春天来了》这一主题中，教师在语言区中投放了《春日趣事》图册，图册中是幼儿在春天里拍摄的各种照片，当幼儿翻开图册看到自己的照片，都会忍不住向同伴讲述这张照片拍摄的场景，以及自己当时的见闻，有的幼儿甚至会看着照片自言自语。第二种类型的材料，能够引发语言区中幼儿与同伴的合作行为，产生同伴之间的语言交流。能够引发同伴合作的语言材料，往往能够供多个幼儿同时开展游戏，或者需要同伴合作开展游戏，在合作的过程中语言交流自然而然地就会产生。例如，在某个大班的语言区中开展一种特殊的词语接龙，参与游戏的幼儿可以在一张空白的接龙纸上轮流画图，每一个画画的幼儿都会向同伴解释自己画的是什么、接龙的词语是什么，这个游戏可以由两个或者三个幼儿同时参与，在游戏的过程中同伴之间会产生丰富的语言交流活动。激发表达这一原则强调的是语言材料投放中最为重要的幼儿语言能力的发展。

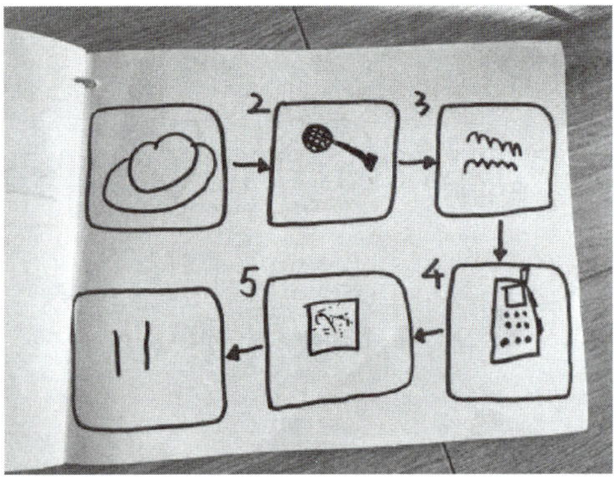

词语接龙

三、语言区材料投放注意事项

在语言区投放材料时，为确保材料投放更加有效、适宜，应注意以下事项。

（一）关注图书的数量与质量

语言区图书

图画书是幼儿开展早期阅读的主要媒介。《指南》中对幼儿阅读提出了以下教育建议：提供一定数量、符合幼儿年龄特点、富有童趣的图画书。这就对提供图画书的数量和质量都提出了相应的要求。《幼儿园保育教育质量评估指南》中对于班级图书配备更是提出了明确的要求："幼儿园配备的图画书应符合幼儿年龄特点和认知水平，注重体现中华优秀传统文化和现代生活特色，富有教育意义。人均数量不少于 10 册，每班复本量不超过 5 册，并根据需要及时调整更新。幼儿园不得使用幼儿教材和境外课程，防止存在意识形态和宗教等渗透的图画书进入幼儿园。"可见在幼儿园语言区材料投放中，教师首先要关注图书的数量与质量。

（二）关注材料的调整与更替

在语言区活动开展的过程中，教师应根据幼儿活动的发展变化、兴趣转移、临时需求等因素适时地调整、更替语言区材料，使幼儿在语言区活动中能够保持当下兴趣、满足新需求，并在此基础上获得持续性的发展。为了了解幼儿在语言区中的材料使用情况，教师可以持续开展语言区定点观察，做好必要的观察记录，根据幼儿与材料的互动情况、更换操作材料的频率等因素来判断提供的材料是否合适。还可以通过与幼儿对话，了解他们对语言区中的图画书及其他操作材料的使用感受，为材料的调整与更替提供依据。比如"你说我猜"的游戏，教师发现随着游戏次数的增加，幼儿对于卡片上的一些形象已经很熟悉了，渐渐地这份材料失去了原有的吸引力。此时教师投入了纸笔，让幼儿自行画一些形象，说特征让同伴猜，图卡的不确定性对于幼儿而言更有挑战，幼儿又重新玩起了"你说我猜"的游戏。

幼儿绘画形象

玩“你说我猜”的游戏

春天主题下关于种子的绘本投放

教师要注意的是，当幼儿对材料失去兴趣时，不必急于将材料完全替换，而是可以思考如何结合幼儿的兴趣、发展需求来调整材料，使材料更具有开放性，吸引孩子参与语言区的活动。此外，教师也可根据主题开展的情况适当地进行材料的调整与更替。主题活动的开展离不开区域游戏的渗透与支持。例如，在开展春天主题活动时，幼儿对种子非常感兴趣，教师则提供了多本与种子相关的绘本故事、科普图书，拓展幼儿对于种子的认识。教师在语言区有目的地投放一些与主题相关的材料能更好地激发幼儿对于主题内容的深入探究。

（三）关注材料的分类与呈现

在语言区中投放了种类丰富的材料之后，如何将这些材料分类呈现也是教师应该加以关注的。幼儿的语言发展包括听、说、读、写这几个方面，每一个方面的发展具有各自的规律。语言区材料根据活动种类可分为听说类材料、阅读类材料、前书写类材料。教师可根据活动种类将材料进行分类，将促进幼儿同类能力发展的同类材料摆放在一起。在摆放同类材料时要有目的地分清材料的层次，由低到高逐一呈现。如大班提供的词语接龙游戏材料，有两个词接龙、三个词接龙到六个词接龙，用星号标识了难度后依次陈列在架子上。教师引导幼儿根据自己的需要选择难易程度不同的材料进行操作。

当然，也可根据幼儿的兴趣来摆放，比如幼儿喜欢的一些立体的、动态的、操作性强的材料可摆放在突出位置，将其前置，方便幼儿取用。图画书的摆放也是如此，有的班级会依据图画书的不同类型进行整理摆放，如主题类、科普类、故事类、安全类等。有的班级则按照幼儿的阅读兴趣和阅读周期进行划分，如将图书按“每月必读”“每周推荐”“自选图书”依次摆放。“每月必读”大多结合幼儿的兴趣，鼓励幼儿在以月份为期限的区域活动时间里进行阅读；“每周推荐”大多结合主题活动，或作为某些集体活动的补充与延伸，每周给幼儿推荐三本至四本书籍供幼儿选择；“自选图书”则多是幼儿园提供或是幼儿带来分享的一些图画书。当然，这三大类图画书也可根据幼儿的兴趣需要循环投放，为幼儿的充分阅读提供保障。幼儿的语言学习具有缜密的逻辑性和清晰明确的知识目标，关注语言区材料的分类与呈现也对教师了解幼儿语言发展的规律提出了更高的要求，要让材料与材料之间有一条“看不见”的层次线索，使每一份材料更加清晰，方便幼儿取用。

图书分类

第二节 各年龄段语言区材料投放的基本要求与策略

不同年龄段的幼儿在语言区活动中会呈现出不同的特点，他们对于语言区的材料也会有各自不同的需求，所以教师在进行语言区材料投放时要充分考虑幼儿的年龄特点，为不同年龄段幼儿投放符合其发展需求的材料。在语言区中，按照材料本身的特性，教师可以将其划分为基本材料、辅助材料和自制材料。三种类型的语言区材料对于幼儿的语言发展发挥着各自不同的作用，所以在这些材料投放方式上教师也要有针对性地提出相应的要求。

一、各年龄段语言区材料投放的基本要求

（一）小班语言区材料投放的基本要求

小班幼儿年龄较小、已有经验较少，而幼儿语言能力发展是基于幼儿的已有经验，所以教师要考虑小班幼儿的特点，从小班幼儿的生活入手，基于小班幼儿的生活经验投放语言区的材料。另外，小班幼儿在活动中注意力集中的时间也相对较短，

所以在投放小班语言区材料的时候教师还需要注意材料的趣味性和适宜性，通过材料吸引小班幼儿参与到语言区的活动中来，并能够将这种兴趣维持。

1. 基本材料与工具要求

首先，小班幼儿喜欢故事和儿歌，但是语言表达能力相对较弱，所以在小班可以适当减少需要幼儿表达的游戏材料，或者降低材料的难度，转而多投放一些供幼儿倾听的游戏材料，如故事机、录音机、点读笔等。在语言发展中，倾听与表达是输入与输出的关系，有了输入才会有输出，两者间具有紧密的联系，所以在小班阶段根据幼儿的兴趣多投放倾听材料，幼儿在倾听的过程中也能够获取表达的素材，为语言表达积累经验。

其次，教师可以根据小班幼儿的兴趣适当投放一些纸、笔作为小班幼儿的前书写材料，但是材料的使用要考虑到小班幼儿的年龄特点，让小班幼儿有机会在语言区涂涂画画即可，不必过分地追求前书写能力和前书写习惯的养成。

最后，小班语言区中图书的投放，也要根据小班幼儿的年龄段特点投放贴近其生活、页数较少、图画较多、文字较少的绘本书籍。小班幼儿初步接触绘本阅读，在语言区活动时教师主要是通过阅读活动引导幼儿养成一个喜爱阅读、正确阅读的习惯，不必过分追求幼儿阅读的效果。

点读笔

小班绘本

2. 辅助材料与工具要求

首先，小班幼儿的注意力易分散，活动中容易被新奇有趣的事物所吸引。教师可以利用小班幼儿的这一特点，投放一些小班幼儿感兴趣的指偶、玩偶、图片作为其活动的辅助材料，吸引他们参与到语言区的活动中来。

其次，小班幼儿还有着比较明显的感觉运动阶段的特点，他们喜欢用动作和自身的感官去认识周围的世界，长时间的阅读和语言交流对于小班幼儿来说是难以坚持的，所以教师可以在语言区投放一些超轻黏土、印泥这样的材料，增加小班幼儿翻看图片、图卡时的趣味性。

最后，考虑到小班幼儿注意力易分散的特点，小班语言区的辅助材料投放要控制好数量，不能过多，避免小班幼儿专注于摆弄辅助材料而忽视语言活动的本身。

指偶

印泥和超轻黏土

3. 自制材料与工具要求

小班幼儿的已有经验主要是基于他们的日常生活，游戏经验相对较少，且游戏中的创造性表现较少，所以在小班语言区投放自制材料的时候，教师要充分考虑小班幼儿的能力，为他们提供一些简单易操作的材料。另外在提供自制材料的同时，教师还需要为小班幼儿提供相应的材料玩法，可以呈现一些自制材料使用范例或者玩法的步骤图，帮助小班幼儿了解材料的玩法，让小班幼儿能够更好地参与到语言区的活动中来。

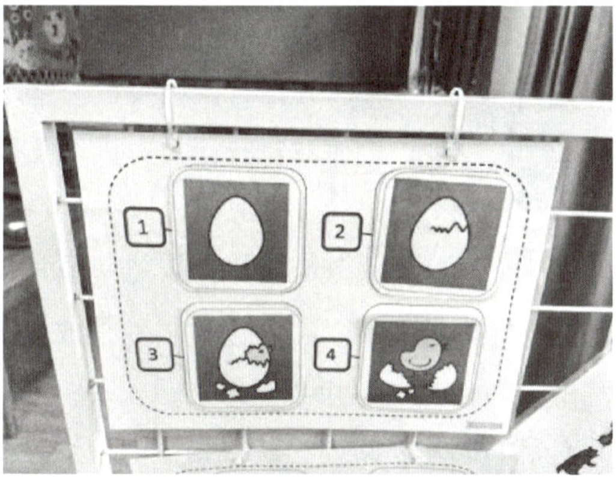

自制材料步骤图

总之，小班语言区的材料投放要充分考虑小班幼儿的年龄特点，为小班幼儿提供合适的游戏材料，另外在材料的呈现上也要考虑到小班幼儿的身高，摆放在小班幼儿能够看到且便于自行取放的地方，方便其使用。小班语言区材料投放参见表 5-1。

表 5-1　小班语言区材料投放表

目标材料性质	学习与发展		
	听说类	阅读类	前书写类
基本材料与工具	故事机 录音机 点读笔	图卡 绘本	纸 笔
辅助材料与工具	指偶 玩偶	与绘本相关的各类图片	超轻黏土 印泥
自制材料与工具	故事盒子 动物头饰 谁住在这里 魔法电视	自制图书	字形印画

（二）中班语言区材料投放的基本要求

中班幼儿的语言能力进入一个高速发展的阶段，他们的语言表达和理解能力都有了很大的进步，运用语言与他人进行交流、交往的欲望越来越强烈。但是中班幼儿活动的目的性不强，所以在中班语言区材料的投放上，教师要考虑中班幼儿的特点，有针对性地为他们提供更加适宜的材料。

交通标识材料

1. 基本材料与工具要求

考虑到中班幼儿表达愿望和表达能力都有所提升，在语言区基本材料的投放上，教师可以适当增加一些语言表达相关的游戏材料。例如，在语言区中投放一些小话筒、录音笔这样的游戏材料，为中班幼儿提供更多语言表达的机会。相应的，倾听材料可以适当地减少，将倾听活动和表达活动结合，引导中班幼儿在自然的交往和交流中促进倾听能力的发展。在阅读材料的投放上，可以适当地拓宽阅读材料选择的范围，从中班幼儿的兴趣和当下的主题入手，选择适合中班幼儿的阅读材料，引导中班幼儿有目的地开展阅读，获取相关的信息。例如，可以在语言区投放与绘本相关的图片，引导中班幼儿在阅读之后找出相关的图片，以此增强中班幼儿阅读的目的性。另外，除了提供基本的纸、笔之外，还可以为中班幼儿提供一些图卡或者标记图等前书写材料，逐步提升中班幼儿的前书写意识。

2. 辅助材料与工具要求

中班幼儿在材料的选择上有了更多的个性化需求，他们能够根据自己的兴趣和需求去选择语言区的材料，所以在辅助材料的提供上，教师要更多地考虑中班幼儿的想法，丰富语言区辅助材料的种类，为中班幼儿提供更多选择的空间。例如，可以在倾听区域投放耳机这样的辅助材料，让中班幼儿可以选择各自偏好的倾听材料，避免同一区域幼儿之间的相互干扰。另外，在辅助材料的投放上，教师除了要考虑材料对于中班幼儿的吸引力之外，也要考虑辅助材料对于中班幼儿语言发展的作用，如在纸偶、玩偶的投放上可以与当下正在开展的主题关联，激发中班幼儿的表达欲望；也可以提供一些相关的服装、头饰和道具，引发中班幼儿在语言区中开展与主题相关的语言交流活动。考虑到中班幼儿在动手能力上的提升，在语言区中教师还可以给幼儿提供订书机、毛根这样的辅助材料，让幼儿自己动手制作图书和书签。

耳机

3. 自制材料与工具要求

教师根据中班幼儿的兴趣与需求制作的语言区材料，对于幼儿的语言发展更具有针对性。在中班语言区投放自制材料的时候，教师除了要考虑中班幼儿的能力发展，为他们提供难度更加适宜的自制材料之外，还要根据对语言区中幼儿活动情况的观察，灵活地调整自制材料的玩法。例如，教师在班级投放的故事骰子，幼儿在玩了几次，熟悉了每个场景后，使用频率开始下降。教师在观察后将骰子进行了改造，增加了几个空白面，幼儿如果掷到空白面就要即兴进行创编，要与其他骰子掷到的形象进行组合，创编故事，这样就增加了游戏的挑战与不确定性，幼儿参与游戏的频率开始变高。

自制书签材料

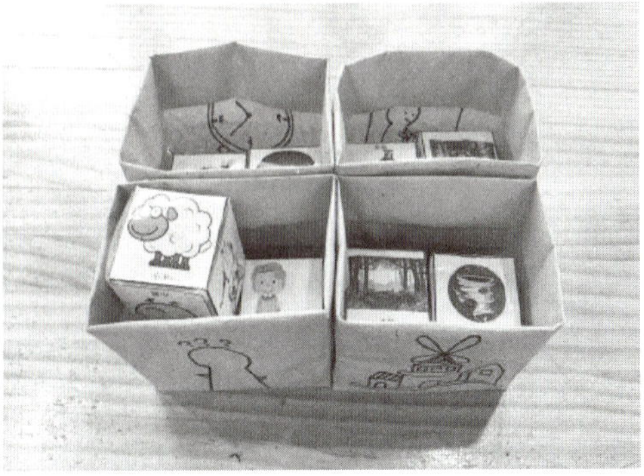

故事骰子

总之，中班语言区材料的投放，可以在小班材料投放的基础上根据中班幼儿能力发展和兴趣、需求的变化进行调整。中班语言区材料投放参见表5-2。

表5-2　中班语言区材料投放表

目标材料性质	学习与发展		
	听说类	阅读类	前书写类
基本材料与工具	故事机 录音机 音响 小话筒	图卡 绘本	纸 笔 剪刀 胶棒
辅助材料与工具	指偶 玩偶 头饰 服装 道具 耳机	与绘本相关的各类图片 图书记录表	超轻黏土 印泥 订书机
自制材料与工具	故事盒子 动物头饰 魔法电视 皮影剧场 故事接龙 你做我说	自制图书	你画我猜 词语接龙

（三）大班语言区材料投放的基本要求

大班幼儿的游戏水平已经基本达到了合作游戏的阶段，在语言区的活动中大班幼儿们能够与同伴合作开展游戏，通过语言交流完成活动的目标。大班幼儿的无意行为逐渐减少，在活动中能够有意识地控制自己的语言表达，能够开展形式多样的听说游戏，所以在大班语言区材料的投放上教师要考虑到大班幼儿能力的提升和经验的积累，为其提供具有一定挑战性的游戏材料，促使他们在原有基础上不断发展。

1. 基本材料与工具要求

首先，大班幼儿的语言能力已经达到了一定的水平，在他们的语言游戏中能够出现很多自发的合作行为，但是仍旧需要教师为他们创造合作游戏的条件，所以在基本材料的提供上，教师可以适当减少同种材料的数量，转而丰富材料的种类，这样既能满足不同幼儿的活动需求，也能够激发幼儿在语言区活动中的交流和交往。

其次，要尽可能给大班幼儿提供一些低结构的材料，让他们能自己做的事情尽量自己去做，例如，开展自制绘本的活动，小、中班阶段教师可以给幼儿提供装订好的空白书，到了大班就可以提供纸、剪刀、订书机，引导大班幼儿根据自己需求制作图书。另外，为帮助大班幼儿提升语言的实际运用能力，促进其倾听、表达能力的发展，在倾听材料和表达材料的投放上应该相结合，避免听说活动的分离。

最后，因为很多幼儿到了大班已经认识一些简单的文字，阅读理解能力也有了显著的提升，所以在阅读材料的投放上，除了绘本、图卡之外可以适当地增加一些儿童报刊、科普读物，丰富幼儿阅读材料的种类。

自制图书

儿童刊物

2. 辅助材料与工具要求

首先，大班幼儿的任务意识在逐渐增强，他们在语言区的活动中能够自发、自觉地去完成自己的任务，所以教师在大班语言区中投放辅助材料时要更多地考虑材料在活动中发挥的作用，而不是对幼儿参与活动的吸引力，应该在语言区中投放更多有助于丰富幼儿活动的辅助材料。

其次，在材料的投放上也应尽量选择低结构的材料，且不必固定这些材料的使用方法。例如，投放的麻绳、毛根，幼儿可以用来装饰图书，又可以用来制作书签，可以尽情地发挥自己的创意。

最后，材料的用法不同也能够在语言区中发挥不同的作用。例如，在小班投放音响，幼儿们会围着音响听故事、儿歌，而在大班语言区中投放音响，则可以成为幼儿故事表演的辅助材料，所以在投放辅助材料的时候教师要注意引发幼儿对于材料的思考，引导他们多样化地使用这些材料。

3. 自制材料与工具要求

大班幼儿的游戏经验相对丰富，在游戏中往往能够表现出丰富的创造性，他们也喜欢开展具有创造性的活动，所以教师在语言区中投放自制材料的时候，要投放玩法相对开放的材料，并且除了常规的玩法之外，还要给予幼儿创造性发挥的空间。例如，新闻播报台的投放，可以为幼儿们提供一些空白的新闻卡，引导幼儿将前书写活动和讲述活动相结合，根据自己收集的信息，用符号或者文字的方式记录下来，再按照自己的记录来进行新闻播报，充分发挥幼儿在活动中的主观能动性。

另外，教师还可以将语言区的活动与幼小衔接进行对接，结合幼小衔接中对于幼儿前书写能力和前书写习惯方面的要求，投放一些相应的自制材料，引导幼儿们在趣味化的活动中获得前书写能力的发展。

新闻播报台

前书写材料

总之，大班语言区的材料投放要充分考虑大班幼儿的能力发展和兴趣偏好，为大班幼儿提供符合他们需求的语言区材料，促进大班幼儿在现有基础上获得更好的发展。大班语言区材料投放参见表 5-3。

表 5-3　大班语言区材料投放表

目标材料性质	投放材料		
	听说类	阅读类	前书写类
基本材料与工具	录音机 音响 小话筒	图卡 绘本 儿童刊物	纸 笔 剪刀 胶棒 双面胶 墨水 毛笔
辅助材料与工具	玩偶 头饰 服装 道具 耳机 角色卡	与图书相关的各类图片 图书记录表	超轻黏土 印泥 订书机 麻绳 毛根 扇子
自制材料与工具	皮影剧场 故事接龙 你做我说 说相反 新闻播报站	自制图书	你画我猜 词语接龙 部首识字转盘 文字的演变

二、各年龄段语言区材料投放的策略

不同年龄段的幼儿因语言领域的认知水平、能力发展、兴趣爱好等的差异，所需要的材料也各不相同，教师在设置语言区环境时，应充分考虑这些因素，根据幼儿的需要，有目的、有计划地进行材料投放。

（一）一般性策略

1. 材料投放注重操作性，增加幼儿的互动

操作材料的提供能引发幼儿积极参与动手、动脑的活动，教师应给予幼儿自主选择操作材料的权力，引导幼儿通过操作感兴趣的材料从而获得积极思考，并在与同伴、教师的有效互动中不断促进语言能力的发展。但现实中语言区材料的可操作性不强，语言区总是备受冷落。通过观察可以发现，相比于建构区、角色区、美工区等操作性更强的区域，现阶段语言区的活动对幼儿缺乏吸引力，语言区材料的可操作性较差。为激发幼儿对语言区材料的兴趣，教师在材料投放前应对材料进行充分的预设，考量幼儿与操作材料互动的多种可能性。例如，大班语言区投放的“故事骰子”就比看图编故事的材料更受欢迎，因为相比于只能“看”的图片，“故事骰子”的操作性更强，幼儿可以通过“掷骰子”掷出各种不同组合的人物、场景、活动等。

材料可操作性不仅增加了幼儿与材料之间的互动，还增加了幼儿与幼儿之间的互动。

2. 材料投放注重层次性，照顾幼儿的个体差异

幼儿语言能力的发展存在着一定的规律性，教师在进行语言区材料投放时应考虑班级绝大多数幼儿现阶段语言发展的情况，根据本班幼儿现阶段发展水平，由浅入深、从易到难地逐步投放语言材料，注重层次性。例如，在语言区中投放故事创编的材料时，教师一开始可以投放少量图片，引导幼儿在故事创编时突出主人公、动作、场景即可，当大多数幼儿可以较连贯地编故事时，就可以逐渐增加新的场景、人物图片，引导幼儿丰富故事情节，让故事创编得更有挑战性。

材料投放的层次性还体现在教师应尽可能地照顾到每个阶段幼儿的发展水平，让每个幼儿都能与材料对话。《指南》中指出：“幼儿的发展是一个持续、渐进的过程，同时也表现出一定的阶段性特征。每个幼儿在沿着相似进程发展的过程中，各自的发展速度和到达某一水平的时间不完全相同。”为了让每个幼儿都能真正参与到语言区活动中，教师在投放语言区材料时应充分考虑到幼儿的个体差异，如中班投放的听力闯关活动材料，教师要定期更新故事，并且一次提供四个至五个难度不一的故事，将任务单悬挂在架子上，这样幼儿可以根据自己的需要去选择相应的材料。

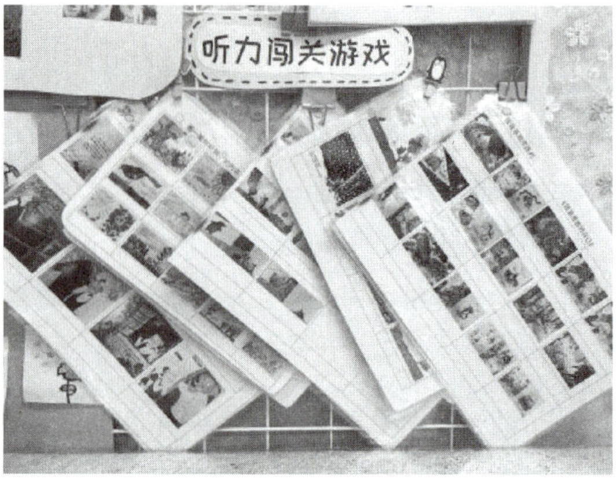

听力闯关游戏材料

在语言区材料投放时教师应充分尊重幼儿发展进程中的个别差异，支持和引导他们从原有水平向更高水平发展。无论横向上还是纵向上，材料的投放都应注重层次性，尊重幼儿发展规律，激发幼儿的主动性、积极性和创造性，引导每个幼儿都能与材料积极对话。

3. 材料投放注重开放性，激发幼儿的创造力

语言区材料投放还应注重开放性，留给幼儿发挥想象的余地，激发幼儿的创造力。在投放材料时，教师不要引导孩子去想这是什么材料，而是去考虑这份材料可以用来做什么，引发孩子的无限畅想。

幼儿在操作低结构材料时，更易激发幼儿的想象力和创造力，自主、自发地去探索材料。当然，根据年龄段不同，低结构材料的投放比例也有区别，但教师都要有意识地赋予材料以多种可能性。相反，过多投放高结构材料，固定游戏玩法，缺乏探索空间，容易让幼儿对材料失去兴趣。例如，投放“故事电视机”就比“看图讲故事”更加受幼儿欢迎。因为在玩故事电视机时幼儿不仅可以调整图片播放的顺序，还可以按照自己的能力水平进行创编，游戏的空间更大。还有，在大班语言区投放的沙盘也是低结构材料，幼儿能探索多种玩法。有的幼儿会在沙盘里写自己的名字；有的利用沙盘、指偶等玩起了情景小剧场；有的将沙子和相关的绘本故事结合进行沙画表演……

（二）年龄段策略

1. 小班语言区材料投放的策略

（1）提供足够数量的同种材料。

根据帕顿的游戏理论，小班幼儿多处于平行游戏阶段，同一种材料投放多份可以有效地减少一些争抢行为，同时也满足幼儿的心理需要。比如，绘本《大卫，不

可以》，幼儿普遍比较感兴趣，教师可以在书架上投放两本到三本，同系列的《大卫，上学去》《大卫，圣诞节到了》也可以再投放几本，让进区选择阅读绘本的幼儿都能够同时阅读，避免了争抢。

（2）提供能够引发幼儿回忆生活经验的材料。

小班幼儿的经验主要围绕着日常生活，教师在投放语言区材料时应考虑所选择的内容是否来源于幼儿的生活，是否与幼儿已有的经验相联系，可以以幼儿身边的人物和他们喜欢的动物为主要载体。比如，投放的故事盒子“是谁嗯嗯在我的头上”就非常受幼儿的欢迎。对于幼儿小鼹鼠、奶牛、兔子、猪等动物形象已经非常熟悉，幼儿自己会嗯嗯，而各个小动物的嗯嗯都不一样呢，小鼹鼠顶着嗯嗯四处寻找动物的样子也特别幽默风趣。可见投放能够引起对生活经验回忆的材料更容易让幼儿感到亲切，吸引他们的注意。

小班绘本投放

《是谁嗯嗯在我的头上》故事盒子

2. 中班语言区材料投放的策略

在对中班幼儿进行语言区材料投放时，教师应适时投放辅助材料以激发幼儿游戏的创造性。随着自主性的不断发展，中班幼儿在语言区活动中有了明显的自我意识，甚至有的时候能表现出一些创造性行为。但同时受经验所限，常会出现游戏内容平淡、停滞不前等现象，从而让幼儿觉得“不好玩了”“玩腻了”，这时教师不用急着把材料完全进行更替，适时地投放一些辅助材料可能会再次激发幼儿的兴趣。比如，最近语言区里幼儿正在表演《没有牙齿的大老虎》，一开始幼儿觉得故事很有趣，语言区热闹极了，幼儿都分角色演绎这个故事。但是一个星期后，幼儿对角色扮演的兴致便没那么高了。此时教师又投放了相应角色的头套，戴上头套后幼儿表演得更专注了，举手投足、话里话外好像真的成为了谄媚的狐狸、胆小的兔子……又持续了几天，渐渐地没那么多观众了，此时教师又引导幼儿分组进行场景的制作。大山、森林、老虎的家、牛大夫、马大夫的诊所等，加上了场景道具，幼儿的表演更加立体、生动了，故事的情节也更丰富了。投放辅助材料的过程是教师与幼儿“对话”的过程，教师只有足够了解孩子，才能够寻找到孩子感兴趣的“话题”，因此投放辅助材料的时机一定是建立在游戏观察的基础上的。

头饰

故事背景

3. 大班语言区材料投放的策略

（1）投放多样化操作材料，促进幼儿的合作行为。

大班幼儿处于合作游戏阶段，交往水平相较于小、中班幼儿有了很大的提高。教师在为大班幼儿提供语言区操作材料时，应充分预设材料如何促进幼儿之间的合作、交往行为，让幼儿通过合作互相学习，获得经验的提升。比如在“你说我猜”游戏中，一个幼儿拿着图卡进行描述，另一个幼儿根据描述进行猜测。通过观察发现，有的幼儿只会描述很表面的信息，如长颈鹿——“它是黄色的”“它有腿”“它身上有咖啡色的斑点”……但有的幼儿会抓住重点信息，并有了一定的概括能力，“它是一种动物，它的脖子很长”，通过这种描述，另一个幼儿很快就能猜出答案。通过幼儿之间的合作互动，他们有机会向更有经验的同伴学习，游戏的经验也在增长。材料的可操作性、互动性也能激发大班幼儿游戏的兴趣与持久性。比如一份反义词的操作材料，幼儿拿到手后摆弄一会儿便不感兴趣地放回柜子里了，如果两个幼儿各持一些卡片，进行反义词对比，“你拿黑夜，我找白天”“你出示一个小乌龟表示走得很慢，我找出一只小兔子表示跑得很快”，幼儿之间你来我往、合作互动，游戏的趣味性增加了，幼儿也愿意继续去探索了。

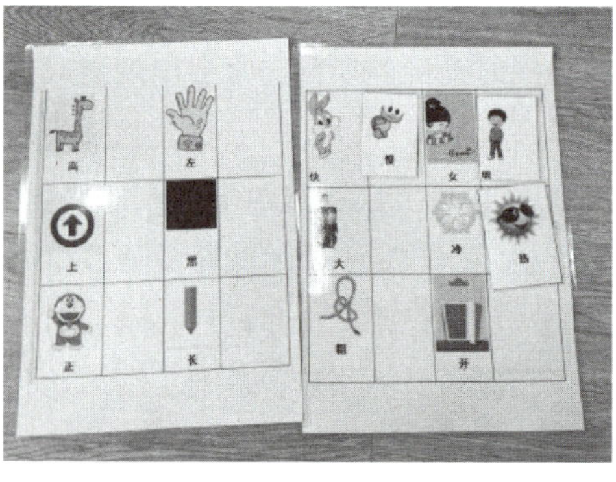

“说反义词”材料

（2）投放多元书写材料，激发幼儿对文字符号和书写的兴趣。

好学好问、喜欢挑战性学习是大班幼儿的典型特征。随着他们认知能力的发展，他们对文字符合和书写的兴趣也越来越浓厚，且大班处于幼小衔接的关键时期，《幼儿园入学准备教育指导要点》中建议“保护幼儿的前书写兴趣”。教师应有意识地运用文字和符号辅导幼儿记录和总结游戏的过程、想法，让幼儿感受文字符号在日常生活中的功能和意义。到了大班，语言区与其他活动区的联系更加密切了，比如餐厅、理发店要增加的价目表需要去语言区进行制作，建构区设计图纸的制作等都需要幼儿运用符号、文字等进行表征。因此教师应为大班幼儿投放多样的书写材料。比如，大班幼儿要在三楼大走廊打造“宝塔街”微景观社区，他们提出要给每家店写上店名，教师便提供了毛笔、墨水，幼儿尝试着“画”出了每家店、每个景点的名字。

蚕桑书画院 1

蚕桑书画院 2

四碗茶楼 1

四碗茶楼 2

但是教师要注意的是，不应去要求幼儿学习写字，减少对幼儿进行机械的训练。大班时期重在激发幼儿对文字符号和书写的兴趣。

第三节 语言区活动材料投放案例

一、幼儿图画书自主阅读行为案例

【案例一】

中班上学期的一次区域活动中，胖胖、瑶瑶和花花选择了语言区。宸宸看见自己想选的区域都被选完了，无奈地说道："那我只能选语言区了。"几个人进去后，便各自选择了一本书漫无目的地翻了起来。胖胖："你看的是什么啊！"瑶瑶："我在看关于小老鼠背心的故事。"胖胖："那我也看这本书。"说着就去书架上找出了这一系列的另外一本书，两个人坐在那很快就翻完了一本书。接着又拿起了一本书进行观看。可看了一会，三人便失去了兴趣，开始无所事事。这时胖胖开始摆弄语言区的玩偶，玩起了过家家的游戏。胖胖拿起一个玩偶说："我来当妈妈，我要哄幼儿睡觉了。"宸宸："我来当爸爸，我要给幼儿去买书了。"幼儿完全对阅读故事失去了兴趣。

幼儿在玩玩偶

【案例分析】

案例中，在幼儿刚开始进入语言区自主阅读时，有的幼儿在参考了别人的意见后才做出选择，有的幼儿是在毫无目的地翻看图画书，但都是翻看了一会便失去兴趣，去做别的事情了。有的幼儿由于其他区域活动的人满了，而被迫进入了语言区，所以当他进来后他的兴趣便不在图画书上，班级的阅读区内放着玩偶和指偶，他的兴趣就被玩偶给吸引了。因此，教师可以根据幼儿在活动中的表现，采取一定的策略去指导幼儿进行自主阅读，如可以投入几份记录单，记录单里有绘本中出现的人物、动物等，要求幼儿去绘本中仔细寻找这些人物、动物，这样幼儿可以在寻找书中的主要人物的过程中进行有目的的阅读。

【案例二】

把绘本《彩虹色的花》材料投入的第一天，教师跟幼儿介绍了这本书的内容和阅读方式，要求他们找出书中的主要人物。轩轩说："这个故事中有小鸟、小蚂蚁、小刺猬，都是我喜欢的小动物，我来找找他们在故事中的哪里。"说着便打开绘本《彩虹色的花》开始寻找起来，依次在绘本中找到了本子上出现的主要人物。轩轩激动地说："我全都找到啦！"瑶瑶说："我也都找到啦！它们在这里。"教师看到后便走过去问："这个故事讲了什么，你们能和我说说吗？"瑶瑶说："我不知道，我只知道故事中出现了这几个小动物。"轩轩说："我看的这本书有彩虹色的花给小动物送礼物。"

幼儿在书中找人物

【案例分析】

兴趣的产生，使阅读成为了幼儿的需求与动机，并极大地激发出幼儿的潜能，进而迸发出强烈的学习热情。对于中班幼儿来说，说出自己喜欢的故事书的具体名称有点困难，但是大部分幼儿可以说出故事中的主要人物。针对幼儿对图画书不感兴趣的问题，教师可以制定让幼儿在故事中寻找主要人物的策略。幼儿带着任务有目的地去自主阅读图画书，既能引起幼儿自主阅读的兴趣，也加深了幼儿对图画书内容的理解和感知。

【案例三】

教师在语言区活动前，提供了新的记录单，让幼儿在自主阅读的过程中，用绘画的方式记录下自己阅读的书的名称、日期、主要故事情节和认识的字。教师还提供了主要人物连线吸引幼儿的兴趣。在投入的前一天，教师给幼儿们介绍了记录单和材料的操作方法。这次琦琦、希希、糖糖选择了语言区。三人

幼儿填写阅读记录卡

到了语言区后便选了一本书开始阅读起来，琦琦安静地看了一会儿后，便拿起记录单开始绘画自己最喜欢的故事情节。画完后琦琦激动地与同伴分享自己绘画的故事情节："你们看，这是我画的大老鼠跳下去给小老鼠摘花的情节。"希希和糖糖在完成阅读记录单后也开心地与同伴讲述自己的故事，都能大概说出故事的主要情节。

分享阅读记录单

故事人物连线

【案例分析】

自主阅读是一个自主学习的过程，是指幼儿按照自己的意愿进行的阅读活动，让幼儿做自己的主人。进入中班后，大部分幼儿对于阅读习惯、阅读规则等都已基本掌握，具有一定的自主阅读能力，当他们说起自己最喜欢的图画书时，他们会兴致勃勃地和你谈论一番。他们可以记住图画书里面的人物特征与故事情节，并且图画书中精心刻画的人物形象与图画细节都对其产生了深刻影响。因此针对幼儿只是盲目地寻找故事中的主要人物这一问题，教师可以准备阅读记录单，让幼儿在阅读的过程中记录下图画书的题目和主要的故事情节，让幼儿能够认真地去阅读图画书中的故事内容，提高自主阅读能力。幼儿要以丰富的口头语言作为基础，才能建立良好的阅读能力。在记录完后，幼儿可以与同伴讲一讲故事内容和故事中精彩的情节，让幼儿理解图画书的内容并将书中前后的画面联系起来，用口头化的语言将看到的图画上的内容讲述出来，让幼儿在自主阅读的过程中感受完整的故事内容。此外，还可以通过给故事主要人物连线的方式巩固阅读的故事内容，让幼儿加深对故事人物和情节的印象。

二、幼儿故事表演自主行为案例

【案例四】

教师在语言区提供了不同种类动物的头饰和手偶。在语言区活动时间，琦琦、糖糖和星星等人选择了玩语言区的故事表演。进入区域后，大家都拿起了头饰和手偶，开心地摆弄着，与自己的好朋友进行故事表演。但幼儿的语言只是零散的片段性对话，没有具体完成故事情节和对话。两天后，选择玩故事表演的人越来越少，糖糖和星星等人进了区角后，各自拿着手偶摆弄聊天，说的内容也跟故事毫无关系。

幼儿拿着故事图片聊天

【案例分析】

幼儿在表演的过程中只是简单地操作手偶游戏，沉浸在摆弄头饰的快乐之中。对于语言的连贯性、情节的完整性完全没有概念和体系。教师原本设想在故事表演区域提供手偶能让幼儿自主创编创造性的情节进行故事表演。但在案例中，同一幼儿在连续的故事表演中，每次的自主表演都毫无关联，所呈现的表演都是没有关系的零散的片段言语，可见这个“自主”其实需要一定的基础，只有幼儿感兴趣的主题表演，才能让幼儿更好去发挥。

【案例五】

在大班主题课程《动物狂欢》子主题《神通广大美猴王》进行的过程中，幼儿都对《西游记》中的人物角色特别感兴趣。幼儿也都想在语言区演一演这个故事。幼儿针对西游记中的人物角色和剧情展开了讨论。花花说：“我演孙悟空，它本领特别大，会 72 变还会筋斗云。”轩轩说：“我想成为沙和尚，他是个很勤劳的人，不怕苦不怕累。”琦琦说：“我喜欢《三打白骨精》，这个故事很有趣也很有意义。”一一说：“我喜欢《真假美猴王》这个故事，我可以辨别谁是真正的孙悟空。”在讨论后幼儿进行了投票，选出了几个最喜欢的故事放到语言区进行表演。从对幼儿自主选择的结果来看，多数幼儿喜欢的是《真假美猴王》，我们便将《真假美猴王》

作为故事表演的内容。在区域活动时间，胖胖选择了当孙悟空，希希选择了当六耳猕猴，一一选择了当如来佛祖。胖胖说："我是真的孙悟空。"希希说："我才是真的，我有火眼金睛。"胖胖说："我才是真的，你是假的。"希希说："那我们到如来佛祖面前去说一说。"说着两人来到如来佛祖前说："请您看看我们谁是真的？"一一指着希希说："让我来看看，你是假的孙悟空，你是六耳猕猴。"

投票选出最喜欢的故事情节

幼儿在说故事情节

【案例分析】

在子主题活动《神通广大美猴王》中，幼儿都对《西游记》的任务非常感兴趣，教师根据幼儿的兴趣，在语言区投入相应的头饰和手偶。在活动中，幼儿能够借助头饰进行自主表演，有具体的故事内容和情节对话。虽然有些不是故事中的句子和对话，但幼儿在故事表演中很专注，能运用自己的语言和方式去表演故事情节。《指南》指出："应为幼儿创设自由、宽松的语言交往环境，鼓励和支持幼儿与成人、同伴交流，让幼儿想说、敢说、喜欢说并能得到积极的回应。"在故事表演区里，虽然幼儿的表演与教师设定的活动目标有些偏离，但幼儿能大胆地用语言表达自己的想法。另外，光有手偶和头饰并不足以引发孩子对故事情节的表演兴趣，还需要增加和故事情节有关的情境材料。

【案例六】

在第一次《真假美猴王》故事表演后，教师调整了材料投放，去除了一些无关的头饰和手偶，提供了泡沫积木、小木棍、纸板等材料，并与幼儿一起讨论《真假美猴王》的表演方式、角色分配和基本道具等。教师与幼儿一起用卡纸和纸板制作了人物头饰、白云等背景道具投放在语言区里，布置表演场地。在一次故事表演的过程中希希说："我扮演孙悟空，你当唐僧。"讲完看了看周围说："老师，我们需要孙悟空的金箍棒。"教师说："我也没有，你们想一想用什么去替代。"花花说："孙悟空的金箍棒可以用班级里的棍子代替。"说着，就去美工区拿了两根长棍子替代。花花和希希拿到棍子后又不知道下面的台词了。希希说："等一下，我去拿《西游记》的图画书。"拿到后几人边看书边演。

幼儿自己制作头饰

幼儿表演故事情节

【案例分析】

在活动前，教师和幼儿一起动手制作面具、布置场地、探索利用各种低结构材料合作搭建故事表演舞台背景。随着活动的进行，幼儿对于故事的情节和内容逐渐熟悉，知道要参考故事书里的台词进行表演。在表演的过程中需要用到孙悟空的金箍棒，希希一开始想寻求教师的帮助，但在教师引导后，花花便想出用美工区的长棍子进行替代，解决了问题。陈鹤琴先生的"活教育"强调幼儿园的游戏活动只要是幼儿自己能够做的、想的，就都让他们自己去探索完成。因此，在幼儿的自主表演中，教师只须鼓励和引导幼儿在游戏中自主解决问题即可。

三、幼儿自制玩教具"魔法电视"探索案例

【案例七】

区域游戏开始了，孩子们都根据自己的兴趣选择想要玩的游戏，但是教师发现来到语言区的小朋友只有一两个，拿起绘本也是随便翻翻就放在一边。见此情景，教师在语言区投放了自制玩教具"魔法电视"。新玩具的投放让大家都争抢着想去语言区看看，一下子语言区热闹极了。

小芦苇在操作魔法电视

幼儿操作手偶，不理会魔法电视

今天小芦苇和惜米选择了语言区。小芦苇走到桌子边上转了转管子喊道："小惜米，你看呀，好饿的小蛇扭来扭去，他发现了一个苹果，他嗷呜一口把苹果吃掉了，肚子都变成圆圆的了。"惜米坐在垫子上看着小芦苇转动电视机："小芦苇你快转呀，好饿的小蛇要吃香蕉了。""好饿的小蛇扭来扭去，他发现了一根黄色的香蕉，他嗷呜一口把香蕉吃掉了，肚子都变成了香蕉的形状。"小芦苇一边说一边转动着，惜米在转动的时候就已经说出了接下去的内容，总是催促着小芦苇快点翻动着。两个小朋友从头到尾转了一遍之后就把魔法电视扔在了一边，拿起边上的指偶开始比画起来。

第二天沐沐和熙熙来到语言区，他们看都没看魔法电视，而是翻找起边上的黑光剧人偶。为什么魔法电视备受冷落呢？教师有点好奇，走到孩子们边上问："你们怎么没有去玩魔法电视呀。"沐沐看了看教师："我妈妈给我讲过这个故事。"熙熙说："我有这本书的，我都知道小蛇吃了什么了。"

【案例分析】

案例中，小芦苇和惜米在游戏中能够看懂图片的内容，知道故事的大概情节，能够用较为流利的语言讲述，但是很快他们就对魔法电视失去了兴趣。第二天沐沐和熙熙说的话更让教师意识到，他低估了班级幼儿的能力，虽然是刚入园一个月的孩子，但他们的讲述能力较强，能够流利地表达自己的想法，对于《好饿的小蛇》绘本比较熟悉，因此单一玩法的自制玩教具难以吸引他们的兴趣。因此，在投放自制玩教具的时候，还是要根据幼儿的兴趣来选择图书。苏霍姆林斯基说过："只有让学生在学习中感受到乐趣，他才会愿意学习。"因此教师要善于观察幼儿，了解幼儿的喜好、能力、经验，根据他们的兴趣推荐图书，吸引其注意力，这样才能促使幼儿投入到听说游戏中。

【案例八】

教师将魔法电视进行了改造升级，重新投放到区域中。苗苗一下子发现魔法电视的封面更换了，她很惊奇地对着毛豆说："大猩猩哎！"毛豆也看到了魔法电视的变化，他走到边上仔细看看："一个大的大猩猩，一个小的大猩猩。"毛豆转动着手柄，缓缓地出现了一个灰色的大耳朵，苗苗大声地喊道："大象，是大象妈妈和大象宝宝在抱抱。"毛豆继续转动着手柄，随着图片的变化，大象的样子出现在眼前，两个孩子都很开心，苗苗兴致勃勃地讲述着图片中的内容。

幼儿发现魔法电视的改变

两人一起操作魔法电视

过了几分钟，毛豆将魔法电视转到了底，苗苗拿起边上的大象指偶，说："你好，我是大象妈妈。"毛豆，说："你好，我是大象宝宝。"两个小朋友张开手臂，也学着图片中的样子抱了抱。

萌萌正在美工区捏橡皮泥，看到他们拥抱，问道："你们在干什么呀？"苗苗指了指魔法电视，说："我们在讲好听的故事呢。"热心的苗苗将魔法电视搬到边柜上，轱辘轱辘地把电视转回第一页，再次跟萌萌讲述起来："猩猩在找她的妈妈，他走啊走啊，遇到了大象妈妈，她有长长的鼻子，抱着自己的宝宝，是这样的，头碰头的抱抱。"一边讲一边和边上的阳阳模仿着，萌萌张大手臂和苗苗一起拥抱。

萌萌加入游戏

小朋友学着图片抱抱

小朋友操作指偶抱抱

在游戏分享时间，教师将小朋友们操作魔法电视的照片进行分享，引起了其他小朋友的兴趣。后续再观察语言区的游戏人数，发现操作魔法电视的小朋友人数明显增加，苗苗甚至一周连续三天选择了语言区，有时坐在边上听小朋友们讲，有时自己转动魔法电视，讲一讲这个故事。

【案例分析】

幼儿对原先的魔法电视兴趣缺失，只是对转动的形式很好奇。于是教师选择了新的绘本《抱抱》来更替原有的绘本。《抱抱》是一个几近无字的绘本，情节简单、角色分明，幼儿能够通过看图片中动物的动作来理解故事的内容，于是教师将绘本中的动物放大之后截取出来，两张图片之间增加了一张白纸，在慢慢转动手柄的过程中，动物的部分特征会先显现出来，幼儿可以根据特点进行猜想，这样就增加了故事的悬疑性，下一个动物会是谁呢？他们是怎么抱一抱的呢？增加了绘本的趣味性，就算是听过的故事，他们也会反复地操作魔法电视，看一看故事中动物的动作，进行模仿和讲述。

在整个过程中也能看到不同能力的幼儿对于玩教具的不同理解，自制玩教具的魅力就在于幼儿能在操作的过程中发现属于自己的不同玩法，苗苗能将自己理解的图片中的内容讲述出来，而毛豆更多的是将听到的话进行复述。《指南》中指出“要充分理解和尊重幼儿发展进程中的个别差异，支持和引导他们从原有水平向更高水平发展”。因此，在调整和更新“魔法电视”的绘本时，教师根据班级幼儿的个别差异，可以有选择地向幼儿介绍新增的绘本。例如，《抱抱》《逃跑的小金鱼》这类文字很少的可以重点介绍图书封面，之后直接投放入区域，增加幼儿阅读时的悬疑性和趣味性。有的情节性强的，如《小红去送货》《好吃的蔬菜》等便带领幼儿整本欣赏，让幼儿能够更好地理解绘本的内容。在内容的选择上，教师也要积极地与家长沟通，通过家园合作的方式，了解幼儿最近阅读的绘本，发动家长和幼儿一起制作和更换魔法电视的内容，激发幼儿分享和讲述的兴趣，让幼儿在操作“魔法电视”的过程中提高其语言表达和语言应用的能力，增强自信心和表现力。

第六章 观察为基 有效互动

——语言区活动实施与指导

本章简介

本章介绍了幼儿园语言区活动实施与指导的原则、流程与要求，各年龄段语言区活动实施与指导的一般性策略与年龄段策略，语言区活动实施与指导的实例。

思维导图

- 语言区活动实施与指导
  - 语言区活动实施与指导概述
    - 原则
    - 基本要求、时间规划与流程
  - 各年龄段幼儿语言区活动实施与指导的策略
    - 支持策略
    - 年龄段策略
  - 语言区活动实施与指导的案例
    - 游戏计划环节案例
    - 游戏开展环节案例
    - 游戏整理环节案例
    - 反思环节案例

第一节　语言区活动实施与指导概述

一、语言区活动实施与指导的原则

语言区活动实施与指导远不同于语言集体教学活动，很多教师会误以为语言区活动中幼儿自由自主，教师干预较少，指导较为轻松。殊不知，语言区活动更需要教师具有较高的专业水平，尤其是观察、诊断和互动的水平。在某种意义上，它对教师的要求要高于预成式的集体教学活动，它需要教师拥有充分的关于幼儿语言学习和发展的框架性知识，还要能够根据当下情境中幼儿出现的问题现场进行准确的判断，并及时给予适宜的支持和智慧的互动，进而真正发挥语言区活动对于每个幼儿语言能力发展的独特价值。

（一）指导适宜性原则

教师在语言区活动指导行为中占有重要地位，教师的指导观念，教师对指导角色的准确定位、指导时机的恰当把握，以及教师的指导素养都是语言区活动指导效果的关键。在语言区活动实施与指导的过程中，教师应注重指导的适时适度，否则会削弱幼儿在游戏中的能力发展。

（二）活动情境性原则

在语言区活动的过程中，教师在创设游戏情境时要注重氛围的营造，为幼儿创设宽松的语言氛围，尊重幼儿不同的游戏方式，以开放的心态欣赏、接纳幼儿在语言区游戏中的独特感受。另外，在活动中要注重师幼之间的情感互动，鼓励幼儿与同伴、教师交流，在积极的师幼互动情境中快乐游戏。在实际的游戏过程中，教师要将适合的游戏活动和合适的语言活动进行结合，让材料变得情境化、立体化，让幼儿在三维情境游戏过程中轻松地获取语言经验，感受语言交流的快乐，提高语言运用的能力。

（三）动态发展性原则

语言区中的动态发展性原则是指在语言区活动实施和指导的过程中体现动态性、层次性和循序渐进性。教师要根据幼儿不同的年龄特点、不同的语言发展水平，动态地进行活动指导。

（四）评价多元化原则

《纲要》在“教育评价”部分明确指出，对幼儿的发展状况进行评价时，要注意“全面了解幼儿的发展状况，防止片面性，尤其要避免只重视知识和技能，忽略情感、社会性和实际能力的倾向”。因此，教师要根据《纲要》的精神，致力于在区域活动实践中探索如何对幼儿进行全面综合的评价，从而促进幼儿和谐发展。

幼儿园及其幼儿教师要树立关于班级语言区科学评价的全面、科学的观念，以动态评价为主，静态评价为辅；以真实评价为主，人为评价为辅；以过程评价为主，结果评价为辅。

语言区评价的内容包括以幼儿语言能力发展为主体和语言区建设为客体两个方面，两者缺一不可。例如，主体评价内容包括幼儿游戏前后的情感体验、幼儿兴趣的提升情况、阅读习惯的培养情况等。客体评价内容包括对语言区的采光、安静程度、面积大小、墙面设计、语言区设备和语言区材料的投放情况等。

（五）听、说、读、写并重原则

在幼儿语言区活动中，幼儿感官是整体作用的，它决定了语言区活动必须听、说、读、写有机结合，自然整合。单纯的听、说、读、写训练，不符合幼儿年龄和心理特点。教师在主题安排、绘本选择、环境营造、组织形式等各个方面，都要遵循听、说、读、写并重原则。

听、说、读、写在幼儿语言区活动中是并重的，同时也是相互作用的。它们贯穿了幼儿学习的全过程。幼儿会听了，积累了词语，累积到一定量就促使他去表达与表演。幼儿会说了，锻炼了口头语言与书面语言的转化，对书面语言的表达更熟练，也丰富了写的内容。幼儿会读了，画面帮助理解，将没有听懂的内容以画面解释，理解了文字与画面的匹配和整合，是说的蓝本和源泉，是写的资料库。幼儿会写（画）了，在自由创作中就会有更多的思考，在阅读中更注重观察细节，在倾听中更能深入理解，表达的手段更多元丰富了。

二、语言区活动实施与指导的基本要求、时间规划与流程

（一）语言区活动实施与指导的基本要求

1. 创设语言环境是语言区活动实施与指导的基本条件

（1）丰富游戏材料。

教师要加强对幼儿兴趣爱好的调研，综合幼儿的喜好和语言区的指导方针，定期对活动材料进行补充和更换，同时在材料类型上要覆盖听、说、读、写和实践操作等多个类型，确保语言区活动开展的全面性。

（2）明确相应规则。

教师必须在主题活动开始前及日常活动中，对幼儿明确语言区的活动要求和活动规则，促进语言区活动的实效性。例如，倾听故事时要保持安静；阅读书籍时要轻拿轻放，不能大声喧哗；活动结束后要将游戏材料放回原位。

2. 合理地设置游戏内容、专业地观察指导是促进幼儿语言区深度学习的必要条件

（1）根据语言发展目标，合理设置游戏内容。

在设置语言区内容时，教师应遵循幼儿学习语言的规律和需要，由浅入深、由易到难、由简单到丰富依次递进。例如小班语言游戏，可以关注促进幼儿丰富词汇量的游戏、鼓励说完整话的游戏、激发幼儿主动两两对话的游戏等。

（2）观察幼儿行为表现，进行适宜有效的指导。

教师要能够及时察觉并对幼儿进行针对性的疏导，在幼儿遇到困难时要及时出现并向幼儿提供适当的帮助。另外，在指导方法上教师还要结合幼儿的具体情况，认真观察每个幼儿的需要，根据幼儿在活动中的表现选择适当的指导方法。

3. 了解幼儿发展状况，实施多元且全面的评价

积极合理的评价能够提高幼儿的自我效能感，同时科学全面的评价也能帮助教师正确分析语言区活动开展情况。采用多元评价的方式能够全面了解幼儿的学习和发展情况，促进幼儿的全面发展。

（二）语言区活动实施与指导的时间规划与流程

1. 语言区活动实施与指导的时间规划

幼儿园应以游戏为基本活动，而幼儿游戏时间的保证是游戏成为基本活动的前提。

（1）语言区幼儿活动时间的安排。

语言区活动时间安排包括一日之内语言区游戏时段及每次语言区游戏时长两个方面。

① 语言区游戏时段的安排。

语言区时间安排的科学性是幼儿语言能力发展的前提，教师应该认真对语言区游戏时段进行科学规划。幼儿进入语言区活动的时段主要有晨间入园、早餐之后、区域活动、过渡环节、午点前后、午睡前、离园前等。其中区域活动时间分为两个时段，部分幼儿园将区域活动统一安排在上午，有些则安排在下午，因而孩子们有较固定的区域活动时间。此外，在过渡环节为了减少等待时间，教师常常会用到语言区，这时候少则 5 分钟、多则 10 分钟。其中部分具有语言特色的幼儿园每周会在固定时间段开展时间较长的语言区活动，如绘本馆、树林书屋。表 6-1 为语言区游戏时段安排参考。

表 6-1　语言区游戏时段安排

时间	可选择时段安排			
每天	晨间活动时间段（7:40—8:30）	上午游戏时间段（10:00—11:00）	下午游戏时间段（3:00—3:40）	一日生活各环节过渡时间段（午点前后、午睡前、离园前等）
每周	绘本馆（1 次）		树林书屋（1 次）	

② 语言区游戏时长的安排。

在语言区游戏时，幼儿与环境、材料、同伴充分互动，当给幼儿的游戏创造了最合适的条件，他们就会深度投入其中，解决问题、发现关系等学习也随之产生，从而满足他们语言能力的学习与发展需要。假如游戏的时间受限，幼儿在游戏中的探索和学习的深度必然也会受限。以语言区游戏时长一小时为例，从计划环节、游戏环节（包含整理）及回顾环节，设置了相应的建议游戏时长，如表 6-2 所示。

表 6-2　语言区时长安排（一小时）

环节	计划环节	游戏环节（包含整理）	回顾环节
时长	5~10 分钟	40~50 分钟	5~10 分钟

当然，幼儿的学习节奏和每一环节的时间掌控，是根据大多数幼儿的学习需要决定的，不是一成不变的，对于能力强的幼儿，教师应允许适当的“缩时”；对于能力弱的幼儿，教师应允许适当的“拖时”。

（2）语言区教师指导时间的安排。

幼儿的语言能力发展水平、年龄特点具有一定的差异，且不同的语言材料对幼儿的吸引力不同，对于语言能力发展水平较低一些的幼儿，教师需要给予多一些的指导时间，对幼儿喜欢的语言材料，游戏的时间可以长一些，以保证幼儿可以有足够的时间发挥自己的想象、表达自己的想法。对于小班幼儿，其注意力不易集中，教师指导的时间不宜过长。

2. 语言区活动实施与指导的流程

语言区活动指导行为的主体是教师，教师在语言区活动指导中占有重要地位，教师的指导观念、指导角色的准确定位、指导时机的恰当把握、指导素养都是提高语言区活动指导效果的关键。在语言区活动实施与指导过程中，教师应从计划环节、游戏环节（包含整理）、回顾环节入手，给予幼儿针对性的指导（表 6-3）。

表 6-3　语言区活动实施与指导的流程

流程	教师指导
计划环节 （5~10 分钟）	• 根据幼儿年龄段特点，帮助幼儿制订语言区游戏计划。 小班：教师可提出开放性问题，“今天你想去里面（语言区）做什么？”“你需要哪些材料？”“你想和谁一起做还是自己做？”引导小班幼儿学会按计划、有目的地游戏。 中、大班：教师可引导幼儿学习多种表述方式，运用多种指导策略，拓展幼儿做计划的深度和广度。 • 简单回顾近阶段语言区活动情况并指出本次活动注意事项和要求。 • 活动开始前的集中讲述很有必要，教师讲述时要声情并茂，向幼儿介绍本次语言游戏的新材料，如新增的皮影小剧场，激发幼儿选择新材料的兴趣。
游戏环节（包含整理） （40~50 分钟）	• 细致观察幼儿行为，掌握幼儿语言发展水平和阅读经验。 • 观察幼儿语言活动范围和类型，如阅读区、故事表演区、读写区等，了解幼儿游戏动向，以便提供及时帮助。 • 观察幼儿规则秩序的遵守情况。 • 观察幼儿在语言区的兴趣，如图书的选择、阅读的习惯等。 • 观察幼儿在语言区的困难及争吵事件。 • 根据幼儿语言能力发展特点，把握介入的进退时机和方式。 • 根据幼儿的年龄特点，逐步提高相应的整理要求。
回顾环节 （5~10 分钟）	• 帮助幼儿反思自己的行为，吸取与材料、同伴互动过程中的经验。 • 综合运用口头回顾和书面回顾两种方式，引导幼儿建立计划—游戏—回顾闭环活动思路。

第二节 各年龄段幼儿语言区活动实施与指导的策略

一、语言区活动实施与指导的支持策略

（一）活动前的支持策略

1. 提供丰富的语言区材料，唤醒前期经验，拓展新经验

语言区材料是语言区中最为核心的一部分，它的选择、投入和使用引导着幼儿语言兴趣发展的方向，影响着幼儿语言能力的发展。因此，我们要根据幼儿的年龄特点及语言发展水平提供相应的材料，唤醒幼儿已有的生活经验，借助幼儿的兴趣点，拓展新的游戏经验。例如，一张关于本地的旅游宣传册也许能唤醒幼儿以往参观游玩的经验，从而引发与此相关的游戏；一套动物头饰或者一本绘本书就能唤醒幼儿以往听故事的经验，引发以该故事为主题的表演游戏。幼儿园语言区材料投放策略如表 6-4 所示。

表 6-4 幼儿园语言区材料投放策略

小班	中班	大班
• 提供画面主题突出、游戏性强的图书； • 提供与图书内容、班级主题相匹配的视频和音频材料； • 提供游戏化的操作及表演材料	• 提供内容多元，画面丰富，形象性强的图书； • 提供促进表演的操作材料和道具； • 提供能拓展主题经验的电子阅读内容和材料； • 提供小书签辅助阅读	• 提供内容多元，画面丰富，形象性强的图书； • 提供促进表演的操作材料和道具； • 提供能拓展主题经验的电子阅读内容和材料； • 提供小书签辅助阅读

2. 制订游戏计划，明确活动目标

制订计划，是幼儿选择进入语言区，对于将要使用什么材料、是否与同伴一起、将达到何种程度，或者做出何种作品进行的大致思考和规划。制订计划是十分关键的一个环节，在一定程度上能够增强幼儿活动动机，实现主动参与式学习。根据不同年龄段幼儿发展水平，语言区游戏计划分为以下两种形式。

（1）口头计划。

口头计划是幼儿在进区前将自己的计划讲述出来。口头计划的制订可以激发幼儿对活动的兴趣，教师可以通过不同形式的提问来拓展幼儿制订计划时的深度和广

度，这种形式比较适合年龄段较小的幼儿。例如，在语言区活动前，教师可以问幼儿几个问题，如“今天你想去里面玩什么?”“你想看、想听什么故事呢?”等，以便了解孩子今天具体的语言游戏计划安排。

（2）书面计划。

幼儿在进区后将书面计划记录在专门的计划本上。幼儿在制订计划时，可以用简单的符号代表书本，表示他即将在阅读角中活动；或者在书本符号旁边画两个小人，表示将与同伴一起阅读。

3. 依托游戏情境，融入活动规则

随着语言区活动内容的不断丰富，新的游戏投入在一定程度上能够有效吸引幼儿的注意力，激发幼儿的参与性。教师可以借助新游戏的具体情境来引导幼儿建立相对完善的活动规则，并留给幼儿不断完善规则的空间。

例如，大班幼儿有时会拿着一本掉了页或者撕了角的图书找教师，教师就可以引导幼儿一起讨论图书破了会怎么样、应该怎么办，并达成“如果不小心撕坏了图书，要自己修补”的共识。有了这样的规则，幼儿会逐渐尝试使用各种工具材料修补图书。此规则的建立，促进了幼儿对待图书的积极性，提高了他们解决问题的意识和动手操作的能力。

（二）活动中的支持策略

1. 细致观察幼儿，把握介入时机与分寸

教师要对幼儿进行细致观察，掌握幼儿已有的经验和语言发展水平，以此决定“进”和“退”的介入时机与分寸。例如，当幼儿在语言区遇到困难，主动要求介入时；缺少语言区材料，游戏停滞不前时；有可提升幼儿语言区经验时；发生负面行为，违反语言区规则时；等等，教师要及时介入给予帮助。但教师介入时不可全权接盘幼儿的活动，要相信幼儿发展的潜力，做好适时适度的介入。

2. 关注幼儿差异，确定针对性的介入方式

在语言区活动开展中，教师不仅要通过观察确定介入时机，怎样介入也是需要重点关注的问题。一般根据是否有言语发生，将介入分为言语介入和非言语介入。

言语介入包括告知、建议、指令、提醒、提问、讲解、鼓励等多种方式。例如，部分大班幼儿在阅读时会习惯性依赖他人，想让别人讲故事给他听，但对于大班幼儿来说，初步培养独立自主阅读能力是非常重要的。面对幼儿习惯性让教师讲故事的请求，教师可以先肯定幼儿，通过鼓励让幼儿慢慢享受独自阅读的快乐和成就，减少幼儿请求他人讲故事的次数，最后形成独立阅读的良好习惯。

非言语介入主要包括材料介入及行为介入。材料介入是指教师通过借助一定的材料和实物，作为介入幼儿的中介和工具，以此达到介入目的的方式。通过材料的

呈现，幼儿能够看到直观的物体，受到直接的视觉冲击，更有利于幼儿明白教师所传达的含义。在材料介入方式中，教师常使用的材料主要包括图书、音频（音乐）等。比如，教师以坏掉的图画书为材料介入，目的是使幼儿增强爱惜图书的意识，并且知道图书坏掉后可以拿去图书医院进行修补。行为介入是指教师运用手势或身体其他部位的各种动作来为幼儿提供解决问题的方法。如在整理环节，教师用行为介入向幼儿示范正确的玩具整理方法，用行为来吸引幼儿对语言区的注意。

（三）活动后的支持策略

活动结束后，教师仍然可以发挥支持与引导作用，通过引发和推动幼儿的自我反思与集体反思，帮助幼儿回顾游戏过程、梳理经验、发现问题、反思方法、建构经验、提升能力，从而推动幼儿的学习和发展，也为后续语言区活动的开展提供更有效的动力源。活动后的支持策略包括回顾和评价。

1. 回顾

通过回顾，幼儿能够对发生过的印象深刻的或有趣的故事内容或事情进行分享，而回顾的过程也是幼儿经验交流分享的过程，同时也是幼儿对自身经验进行反思与评价的过程。

回顾时，幼儿是“主角”，教师应是“旁听者”“欣赏者”，能穿针引线，针对幼儿年龄特点，用提问、质疑、鼓励等方式，满足幼儿表达自己的感受和需要，突出他们的主体性。例如，在小班年龄段，教师以引导提问、幼儿积极反应为主；中、大班年龄段则建议教师多听幼儿的发言，减少过多的评判。

教师还可以采取集体或小组的方式，借助幼儿读书记录、照片、录像等表征的方式与幼儿交流讨论之前的游戏，帮助幼儿回顾之前的游戏，梳理思路与问题，推动幼儿在原有的游戏经验基础上，找到新的挑战和兴趣点。

2. 评价

回顾后的教师评价是语言区活动开展过程中不可或缺的环节。教师引导幼儿通过讨论、分享后，对幼儿的整体表现进行总结和评价，不仅能够帮助教师掌握、判断幼儿当前语言能力发展水平，还有助于针对性地制订接下来的语言区计划，引导幼儿更好开展语言区活动。教师可以将观察与评价维度相联系，以语言领域提出的目标或关键经验为出发点，从评价的维度来解读幼儿在语言领域的发展。表 6-5、表 6-6、表 6-7 是根据幼儿的年龄段，从情感、态度、能力、知识四个方面入手梳理的语言区活动评析表。在语言区幼儿活动评析表中，包含评析对象的姓名、性别、所操作的材料名称、本次活动的操作时间等。

表 6-5　小班幼儿语言区活动评析表

幼儿姓名：　　　　　性别：　　　　材料名称：　　　　　　操作时间：

<table>
<tr><td rowspan="2">项目要点</td><td rowspan="2" colspan="3">评价项目要点</td><td colspan="2">评价分值</td></tr>
<tr><td>参考最高星值</td><td>实际得星</td></tr>
<tr><td rowspan="3">情感</td><td colspan="3">1. 能在教师引导下选择语言材料</td><td>★★★</td><td></td></tr>
<tr><td colspan="3">2. 能与同伴友好相处</td><td>★★★</td><td></td></tr>
<tr><td colspan="3">3. 需要时能接受教师的帮助</td><td>★★★</td><td></td></tr>
<tr><td rowspan="2">态度</td><td colspan="3">1. 能在教师引导下专注地完成语言区的材料探索</td><td>★★★</td><td></td></tr>
<tr><td colspan="3">2. 能在教师鼓励下克服困难完成材料探索</td><td>★★★</td><td></td></tr>
<tr><td rowspan="2">能力</td><td colspan="3">1. 能自主选择自己喜欢的语言材料</td><td>★★★</td><td></td></tr>
<tr><td colspan="3">2. 能在教师引导下有始有终地完成语言区的材料探索</td><td>★★★</td><td></td></tr>
<tr><td rowspan="2">知识</td><td colspan="3">1. 了解语言在生活中的作用</td><td>★★★</td><td></td></tr>
<tr><td colspan="3">2. 基本了解小班语言区知识与经验</td><td>★★★</td><td></td></tr>
<tr><td rowspan="2">各分项目</td><td>情感</td><td>态度</td><td>能力</td><td>知识</td><td>总分</td></tr>
<tr><td></td><td></td><td></td><td></td><td></td></tr>
<tr><td rowspan="2">综合评价</td><td colspan="2">优秀（21～27★）</td><td>良好（16～20★）</td><td>合格（11～15★）</td><td>不合格（10★以下）</td></tr>
<tr><td colspan="2"></td><td></td><td></td><td></td></tr>
<tr><td>结合《指南》等，解读、评价幼儿的学习行为</td><td colspan="5"></td></tr>
<tr><td>策略提升（提出下一步的指导计划）</td><td colspan="5"></td></tr>
</table>

表 6-6　中班幼儿语言区活动评析表

幼儿姓名：　　　　　　性别：　　　　　材料名称：　　　　　　　　操作时间：

<table>
<tr><td rowspan="2">项目要点</td><td colspan="4" rowspan="2">评价项目要点</td><td colspan="2">评价分值</td></tr>
<tr><td>参考最高星值</td><td>实际得星</td></tr>
<tr><td rowspan="3">情感</td><td colspan="4">1. 能自主选择语言材料</td><td>★★★</td><td></td></tr>
<tr><td colspan="4">2. 能与同伴一起探索语言区材料</td><td>★★★</td><td></td></tr>
<tr><td colspan="4">3. 需要时能主动寻求教师的帮助</td><td>★★★</td><td></td></tr>
<tr><td rowspan="2">态度</td><td colspan="4">1. 能在教师引导下专注地完成语言区的材料探索</td><td>★★★</td><td></td></tr>
<tr><td colspan="4">2. 能借助于同伴、教师的力量克服困难完成语言区的材料探索</td><td>★★★</td><td></td></tr>
<tr><td rowspan="2">能力</td><td colspan="4">1. 能有条理地完成语言区的材料探索</td><td>★★★</td><td></td></tr>
<tr><td colspan="4">2. 能挑战有难度的语言区材料</td><td>★★★</td><td></td></tr>
<tr><td rowspan="2">知识</td><td colspan="4">1. 能将语言经验运用在生活中</td><td>★★★</td><td></td></tr>
<tr><td colspan="4">2. 基本掌握中班语言区知识与经验</td><td>★★★</td><td></td></tr>
<tr><td rowspan="2">各分项目</td><td>情感</td><td colspan="2">态度</td><td>能力</td><td>知识</td><td>总分</td></tr>
<tr><td></td><td colspan="2"></td><td></td><td></td><td></td></tr>
<tr><td rowspan="2">综合评价</td><td colspan="2">优秀（21~27★）</td><td colspan="2">良好（16~20★）</td><td>合格（11~15★）</td><td>不合格（10★以下）</td></tr>
<tr><td colspan="2"></td><td colspan="2"></td><td></td><td></td></tr>
<tr><td>结合《指南》等，解读、评价幼儿的学习行为</td><td colspan="6"></td></tr>
<tr><td>策略提升（提出下一步的指导计划）</td><td colspan="6"></td></tr>
</table>

表 6-7　大班幼儿语言区活动评析表

幼儿姓名：　　　　性别：　　　　材料名称：　　　　操作时间：

<table>
<tr><td rowspan="2">项目要点</td><td colspan="4" rowspan="2">评价项目要点</td><td colspan="2">评价分值</td></tr>
<tr><td>参考最高星值</td><td>实际得星</td></tr>
<tr><td rowspan="3">情感</td><td colspan="4">1. 能根据自己的发展需要选择适宜的语言材料</td><td>★★★</td><td></td></tr>
<tr><td colspan="4">2. 自发与同伴合作探索语言区材料</td><td>★★★</td><td></td></tr>
<tr><td colspan="4">3. 主动邀请教师、伙伴合作探索语言区材料</td><td>★★★</td><td></td></tr>
<tr><td rowspan="2">态度</td><td colspan="4">1. 不受环境干扰，独立完成语言区的材料探索</td><td>★★★</td><td></td></tr>
<tr><td colspan="4">2. 能想办法克服困难，完成语言区的材料探索</td><td>★★★</td><td></td></tr>
<tr><td rowspan="2">能力</td><td colspan="4">1. 主动完成对多重且步骤复杂语言区的材料探索</td><td>★★★</td><td></td></tr>
<tr><td colspan="4">2. 能根据自身需要均衡地选择语言区材料</td><td>★★★</td><td></td></tr>
<tr><td rowspan="2">知识</td><td colspan="4">1. 能主动将语言知识进行归纳与迁移</td><td>★★★</td><td></td></tr>
<tr><td colspan="4">2. 能熟练运用大班语言区知识与经验</td><td>★★★</td><td></td></tr>
<tr><td rowspan="2">各分项目</td><td>情感</td><td colspan="2">态度</td><td>能力</td><td>知识</td><td>总分</td></tr>
<tr><td></td><td colspan="2"></td><td></td><td></td><td></td></tr>
<tr><td rowspan="2">综合评价</td><td colspan="2">优秀（21~27★）</td><td colspan="2">良好（16~20★）</td><td>合格（11~15★）</td><td>不合格（10★以下）</td></tr>
<tr><td colspan="2"></td><td colspan="2"></td><td></td><td></td></tr>
<tr><td>结合《指南》等，解读、评价幼儿的学习行为</td><td colspan="6"></td></tr>
<tr><td>策略提升（提出下一步的指导计划）</td><td colspan="6"></td></tr>
</table>

二、语言区活动实施与指导的年龄段策略

（一）小班语言区活动实施与指导策略

1. 小班年龄段特点

小班幼儿喜欢听故事、看图书，萌发了一定的阅读兴趣，阅读习惯正在初步养成，对待图书的积极态度有待发展。因此，在小班语言区中，教师指导的主要任务是进一步激发他们的活动兴趣，使他们有听、说、读的愿望，帮助他们养成倾听故事，整理、爱护图书等良好习惯。小班幼儿的思维特点是从直觉行动性向具体形象性发展，有目的地去观察的能力还有待提高。因此，针对小班幼儿的思维特点，教师可以运用直观形象的材料，引导幼儿选择、阅读和操作，帮助他们在自己经验的基础上，积累基本的阅读技能和表达方法。

2. 小班语言区策略

（1）环境支持，鼓励幼儿自主选择活动，激发幼儿参与兴趣。

教师要给幼儿自己选择玩什么、决定看什么、说什么的机会，不要过多干预幼儿的选择。小班幼儿自主选择的能力还有待提高，在选择区域时容易受到环境氛围、材料熟悉度、同伴行为的影响，有些幼儿还不会选择，这就需要教师鼓励甚至指导他们学习如何做出选择。例如，小班幼儿可以从家中带些毛绒玩具或熟悉的图书放置在语言区，他们可以根据自己的喜好进行阅读，从而激发他们的参与兴趣。

（2）陪伴阅读，引导幼儿学习阅读方法，养成良好阅读习惯。

由于小班幼儿独立活动的能力、自主活动的意识、阅读兴趣稳定性等方面还有待提高，在小班语言区活动的实施与指导中，教师可以采取陪伴阅读的指导方式来提高幼儿阅读的兴趣和能力。

小班幼儿喜欢跟读，在跟读的过程中，有趣的情节、生动的形象会激发他们的想象力，让他们获得愉悦感。教师在带动幼儿阅读的过程中，可以从封面开始，带领他们一页一页地翻书，发现他们感兴趣的页面时，可以指一指、说一说，让他们渐渐知道怎样翻书、怎样阅读，如遇到动作性强的画面，教师还要和幼儿一起模仿动作，增进他们的理解。

在语言区活动中，由于小班幼儿语言能力发展水平有待提高，教师常会发现个别幼儿在阅读时不能注意到画面的细节，或者已经注意到画面的细节但不能用语言表达出来，这时教师可以通过问题逐步引导。

（3）视听结合，支持幼儿尝试自主阅读，创造自主学习机会。

小班幼儿在阅读图书、语言交流时，特别需要有对象回应，有情境诱发，因此要发挥视频、录音、点读设备等操作材料的作用，与纸质图书相辅相成。

（4）提问互动，指导幼儿学习观察画面，提升幼儿理解能力。

小班幼儿观察画面，仅能注意主要的、鲜明的部分，容易忽视其他部分，观察时常常用手指帮忙，指着图片和物体进行观察。指导这个阶段的幼儿时，教师可以运用提问的方式，鼓励幼儿学习观察画面，并做出适宜的反馈。如当幼儿的回答没有针对问题关键因素时，教师可以在幼儿答案的基础上进行补充，诱导幼儿抓住问题的主要矛盾。如果幼儿的回答比较零碎，教师可以鼓励幼儿把话说完整；如果幼儿语塞，教师可以提供一些适宜的句式。

（二）中班语言区活动实施与指导策略

1. 中班年龄段特点

中班幼儿的活动目的性不强，注意稳定性和持久性有待发展，需要在教师的指导下，对图画书上的人物、动作、表情等细节进行更细致地观察，逐渐形成初步的自主阅读能力，以及在阅读学习的过程中进行自我思考。因此中班幼儿在语言区的活动还是离不开教师的指导，而教师指导的主要任务应该是帮助幼儿明确活动目的，鼓励幼儿自主选择、主动参与、积极表达，用形象直观的方式引导幼儿认识和思考。另外，此阶段的幼儿有较强的交往需求，但交往能力还待进一步发展，教师应在区域内为幼儿提供更多的交流与合作机会，引导他们学习沟通与合作的方法。

2. 中班语言区策略

（1）环境支持，给予幼儿自主阅读的空间和时间。

中班幼儿有了一定的自主选择意识，需要充足的自由空间，以获得自主的发展。为此，教师需要给予幼儿多方面支持，例如，把语言区材料放在幼儿目光可及、触手可得的地方；随着主题的推进和经验的拓展，定期更换图书；让幼儿自己决定读什么书；在时间上给予幼儿充分的保障。这样幼儿才能在语言区中尽情地投入，愉快地享受，才能达到阅读的目的。

（2）同伴共读，引导幼儿学习和共同阅读一本书，提供交流合作机会。

中班幼儿逐渐对事物有了自己的想法，逐渐产生与同伴交往的需求，但他们还缺乏协调合作的经验，共享材料时易出现矛盾，如两人抢着把书放在自己面前，一个人说得很起劲，但另一人根本不参与。对此，教师可以采取集体讨论、行为示范、语言提示、实践操作等策略，引导幼儿理解两人看书时书应摆放的位置，学习合作翻书的方法，还要让幼儿知道两人交流时要注意倾听并和同伴一起讨论话题，创造交流合作的机会。

（3）多元表征，引导幼儿记录和表征自己的游戏经历和体验。

中班幼儿的思维具有具体形象性，并积累了一定的符号经验。教师可以引导幼儿尝试学习用线条、颜色及自创的图形、符号来记录和表征自己的游戏经历和体验，记录自己在游戏过程中的思考及遇到的问题。

（三）大班语言区活动实施与指导策略

1. 大班年龄段特点

大班幼儿在语言区活动中，有一定的目的性和计划性，并积累了一定的阅读经验，能够观察复杂的画面细节，阅读理解能力增强，但他们的自主阅读能力还有待进一步提高，还需要获得更为多元的阅读经验。

2. 大班语言区策略

（1）综合开展听、说、读、写活动，注重幼儿语言培养的整体性。

《指南》中语言领域目标包括四大部分——听、说、读、写，其中听、读为“输入”，说、写为“输出”，“输入”和“输出”有机结合，四方面缺一不可。如在大班主题活动“动物王国”中，教师执教了绘本《我是霸王龙》，即带领幼儿边看画面边听故事，理解故事内容。活动之后，教师发现幼儿对这个绘本故事特别感兴趣，于是在语言区又投放了《我是霸王龙》系列绘本的游戏材料。如在阅读区投放《我是霸王龙》系列绘本，供幼儿自主阅读；在视听区放置故事录音，还附有一些小问题，鼓励幼儿大胆表达对故事的理解；在绘本小剧场中投放头饰，幼儿可以合作表演；在书写区中，幼儿可以续编故事。四个功能区动静交替，相互融合。

（2）组织开展多形式语言区活动，引导幼儿想象创编和积极表达。

幼儿的语言发展是全方位的，大班幼儿更需要多样的途径积累语言运用的经验，语言区里除了阅读图书，还可以有其他形式的活动。如大班语言区可以开展自制图书、修补图书、情景剧表演、读书漂流、阅读日记等活动。

（3）观察幼儿合作学习过程，提供适时的指导。

大班幼儿有合作的需要和初步的意识，但理解他人的能力、合作的方法技能需要不断学习和发展。教师在语言区活动中要给幼儿提供合作的机会，更好地关注幼儿合作过程中的问题，并给予必要的指导。但需要注意的是，指导要在合适的时机，运用适宜的方法，避免过多干预和全面代替。如幼儿在语言区活动合作学习时，出现一些矛盾，教师要通过制止争执、讨论提问的方式来“化解矛盾”，深化孩子之间的合作。

（4）关注幼小衔接，指导幼儿掌握正确的阅读和书写姿势，激发幼儿前书写兴趣。

大班幼儿语言区里写写画画的活动明显增多，幼儿的状态比较随性，教师需要及时观察幼儿是否坐好，其写画的姿势是否合理。另外，大班幼儿开始对文字产生兴趣，教师可以在语言区里提供纸笔等前书写材料及适宜的游戏内容，有效激发幼儿的前书写兴趣。

第三节　语言区活动实施与指导的案例

一、游戏计划环节案例

【案例一】　今天我玩什么？（中班）

幼儿制作书面计划

主题：幼儿尝试制订书面游戏计划

阶段一：区域游戏开始了，笑笑今天选择了语言区，她坐在地垫上摆弄自己脱下的鞋子。教师问："笑笑，你今天在语言区玩什么？"她看着教师，摇摇头。教师问："那你的游戏计划书呢？"笑笑看着教师说："没有，我不知道要画什么？"

【案例分析】

根据幼儿的年龄特点和语言发展水平，小班幼儿习惯于用口述的方式来制订游戏计划。进入中班后，大多数幼儿能够知晓、表现、描述主题的一部分，他们开始探索运用简单的符号、图画来进行表达。但是幼儿之间的表征能力是有差异的，教师需要进行针对性指导。

◉ 教师指导：

1. 引导幼儿观察了解书面计划的基本要素及游戏材料的特征，引导其表征出更多细节、具体的部分。

2. 带领幼儿共同观察，倾听同伴的游戏计划，讲述自己的发现，迁移同伴做书面计划的经验。

◉ 案例描述：

阶段二：一段时间后，笑笑学会了用简单的图画和符号来表达自己的游戏计划。游戏分享时，他会说他今天和谁一起玩了语言区里的什么游戏。

【案例分析】

笑笑的画语逐渐出现了以人和材料为主的表征形式。相较于之前记录的内容，笑笑的画语中出现的内容更加多元。

◉ 教师指导：

当幼儿的画语中出现游戏同伴加入的时候，教师可以将此作为亮点资源，与班级幼儿进行分享，引导他们关注其中的“游戏同伴”角色，并及时给予肯定：“我不仅从你的记录中看到了你玩了什么游戏，还知道了你今天有一起玩的小朋友!”当教师将此作为资源进行分享并加以肯定时，一定会带给其他幼儿更多的思考：我也可以尝试这样做。

【案例二】 皮影剧场（中班）

主题：幼儿尝试制订皮影剧场表演游戏计划

阶段一：区域游戏开始了，语言区新投放了皮影小剧场的道具，吸引了许多小朋友。只见A幼儿高兴地站在皮影幕布的后面，拿起一张图片看了看，又换了一张，在幕布上来回比画了几下后，又换了一张图片。教师见状问道：“×××，你想给大家表演什么皮影故事呢?”他看着教师，摇摇头。“你知道这些图片都是什么故事里的人物吗?”他又摇了摇头。“你的计划书上有没有记录什么呢?”他给教师看了一下他的计划书，计划书上一片空白。

【案例分析】

根据中班幼儿的年龄特点和语言发展水平，大多数幼儿能运用简单的符号、图画来制订游戏计划，并能将自己听过的见过的故事通过表演等形式讲给别人听。不同幼儿的语言发展和肢体表达会有差异，教师需要进行针对性指导。

◉ 教师指导：

1. 引导幼儿知晓皮影剧场表演游戏计划中的表演故事、主要人物、表演游戏道具等。

2. 引导幼儿尝试用简单的线条和图案制订表演计划，积累经验。

◉ 案例描述：

阶段二：又到了区域游戏时间，A幼儿在语言区的幕布后，手舞足蹈地表演《坐井观天》的寓言故事，台下小观众听得津津有味，不时发出笑声。游戏结束后，教师问道：“×××，你今天在皮影小剧场表演了什么呢?”A幼儿高兴地拿出他的皮影剧场表演游戏计划，兴奋地给教师讲了起来：“我给小朋友们表演了《坐井观天》的故事，里面有青蛙、小鸟，青蛙生活在井里……”只见计划书上画着一只可爱的大眼睛青蛙，还有一只正在飞翔的小鸟。

【案例分析】

A幼儿在皮影剧场中，已经可以独立表演故事，并将自己喜爱的故事形象地讲述给其他小朋友听，语言表达能力和艺术创造能力都有所增强。

◉ 教师指导：

当幼儿逐步掌握绘制故事计划书的时候，教师应对其计划书亮点进行展示和表扬，鼓励幼儿发挥自己的想象力和创造力，并引导幼儿将其体现到计划书上和皮影表演上。同时也要兼顾不同水平的幼儿，给予适度指导，以照顾到不同水平、不同阅读层次幼儿的需要。

【案例三】 我的分享记录表（中班）

主题：幼儿尝试制定分享记录表

阶段一：区域游戏一开始，A幼儿就跑进语言区选取一本绘本，开始翻阅起来。不一会儿，B幼儿走了过来，站在A幼儿身边看了一会A幼儿手里的书，对他说：“我能和你一起看吗？”“不行，我要自己看！”A幼儿想都没想就拒绝了，B幼儿过了一会儿，又过去对A幼儿说：“那你看完后，我们可以交换一下图书吗？我也想看你那本书。”A幼儿还是拒绝了，B幼儿伤心地离开了。

【案例分析】

《纲要》中指出，要鼓励幼儿与别人分享玩具、图书，对大家都喜欢的东西能轮流分享。A幼儿虽然很喜欢阅读，但却不愿意跟其他小朋友一起分享，原因可能是在家中爸爸妈妈的宠爱，养成以自我为中心的行为习惯，也可能是由于幼儿自我意识的萌芽，自我认知逐渐强烈。为了引导幼儿学会分享，教师应根据中班幼儿的年龄特点和语言发展水平，引导幼儿用简单的符号、图画制定分享计划表，以此鼓励幼儿与别人分享图书，指导幼儿学习交往的基本规则和技能。

◉ 教师指导：

1. 引导幼儿了解分享计划表中的分享人数、分享方式等基本要素，熟知分享计划表的内容。

2. 带领幼儿尝试用简单的线条和数字描绘出分享人数和分享方式，为填写“我的分享记录表”积累经验。

3. 充分发挥家园共育的作用，引导家长在家中做好幼儿分享的心理准备和尝试行为，做到有计划、有目的、有步骤地实施家园配合。

◉ 案例描述：

阶段二：一段时间后，同样是在语言区，A 幼儿和几个小伙伴在一起阅读《凶猛大鲨鱼》的绘本，A 幼儿和小朋友们看得很认真，时不时还给其他小朋友讲一讲他看到的内容，小伙伴们都听得津津有味。游戏分享时，A 幼儿自信了不少，发音也较清晰，声音也比以前响亮了，拿着自己的分享计划表说：“我今天给两个小朋友分享了图书，我给他们讲了《凶猛大鲨鱼》的故事，故事里面有一只特别厉害的大鲨鱼……”只见 A 幼儿计划表上的分享人数一栏写了一个数字 2，分享方式一栏形象地画着三个线条小人，看起来形象又生动。

【案例分析】

A 幼儿在学习制作计划表的同时逐渐掌握了学习交往的基本规则和技能，能自愿分享图书，并且从中获得了满足感，体会到了和小朋友交往的乐趣。相较于之前记录的内容，A 幼儿的分享计划表内容更加丰富，增添了许多小装饰，在这个过程中 A 幼儿的语言表达能力、社会交往能力和动手创作能力都得到了提高。

语言区记录区

◉ 教师指导：

当幼儿的分享计划表逐渐完善，趋于完整时，教师应及时给予幼儿表扬，与班级幼儿进行分享，从而引导幼儿在区域活动开展中积极主动地分享，帮助幼儿建立自信，促进幼儿与他人交往、沟通、分享的品质的形成。

二、游戏开展环节案例

【案例一】 自制图书（大班）

语言活动开始啦，幼儿们尝试制作属于自己的小图书。在前期讨论后，幼儿们收集准备了大大小小的纸张、油画棒及废旧的图书，供剪贴制作图书或绘制图书。

紧接着他们开始忙碌起来。有的幼儿用油画棒直接在白纸上画起来，准备制作一本画画小图册；有的幼儿在翻阅废旧图书并将自己喜欢的卡通人物、动物剪下来，粘贴在准备好的白纸上，准备做一本剪贴画图书。最后他们用订书机或者长尾夹把几张纸装订在一起，一本心爱的自制小图书就完成啦。

【案例分析】

在制作以上两种图书的过程中，幼儿们满足于剪和画的过程。剪贴的幼儿基本是看到自己喜欢的图案就剪了往上贴，他们在剪之前并没有考虑自己要创编怎样的故事，剪图片时也是随心所欲的。教师以为他们或许可以在贴好之后根据图片再创编故事，可当他们贴好之后已没更多时间再进行创编。这样的自制图书更像是幼儿制作的集图册，这块制作图书的区域俨然就成了一个手工区。反而用水彩笔绘制图书的幼儿速度较快，尽管每一页的画面内容看似雷同，但幼儿却能创编出类似流水账的故事。可见，过多的材料反而影响了幼儿的自主创编。

◉ 教师指导：

在本次活动中，教师应根据对幼儿活动中行为的观察，积极引导，适时介入，引发幼儿思考，帮助幼儿逐步掌握、丰富图书的制作方法和内容。

【案例二】 我的阅读记录（大班）

阅读区中，教师增添了记录角位置，并投放了画纸和彩笔等相关材料，幼儿在自主阅读图书后，可以尝试根据自己对故事情节的理解及对绘本故事中主要人物和事件的印象，尝试用简单的线条和图案将其记录到画纸上，也可以发挥想象力，进行故事续编和创编。区域活动中幼儿参与阅读记录的积极性十分高涨，幼儿为了更好地呈现自己的阅读记录，在阅读图书时，会一页一页地认真翻开，仔细观察书中的图案和故事情节的发展。看完图书后，幼儿会前往记录角，选择自己喜爱的颜色画笔，在画纸上进行“复述”，最后将画纸挂在阅读记录区进行展示和分享。

【案例分析】

在制作“我的阅读记录”过程中，幼儿在不知不觉中改善了不能坚持阅读一本书、只翻书不看书等阅读习惯的不足，体会到了阅读的乐趣。此外，幼儿十分沉浸于故事“复述”的过程，根据自己阅读得到的知识经验，用绘画的方式表现出来，这个环节对于幼儿来讲不仅充满童趣，更是一种技能的表现。部分幼儿在绘画时，会有忘记故事情节的情况，但依旧不妨碍其创作热情。幼儿能根据故事的部分情节进行续编和创编，也会在画纸上添加一些自己喜爱的装饰，作品完成后，在分享环节幼儿获得了极大的满足感，同时促进了其语言表达能力和想象力的发展。也有部分幼儿在绘制阅读记录时，会有无从下笔的停滞感或构成不了故事发展的连续图，因此本活动对于不同水平的幼儿来讲，会有难易之分。

◉ 教师指导：

《指南》中指出，要为幼儿提供良好的阅读环境和条件，激发幼儿的阅读兴趣，培养阅读习惯。在本案例的发生过程中，教师通过设置绘制阅读记录的方式，引导幼儿认真阅读图书，养成良好的阅读习惯，并根据幼儿活动中的行为，积极引导幼儿思考，灵活地进行故事续编和创编，促进了幼儿的想象能力和绘画能力的发展。教师帮助幼儿逐步掌握绘制阅读记录的方法，体现了幼儿的“自主创造”与教师的“积极引导”的互动配合。

【案例三】 故事碎片盒子（大班）

阅读区中，教师投放了四个故事碎片盒子，四个盒子分别装有代表时间、人物、地点、事件的图卡，幼儿与同伴合作分别从四个故事盒子中抽出一张图卡，运用“某时间—某人—在某地方—做某件事”的句型，连贯、完整地进行语言讲述练习。活动中，幼儿对于盒子里看不见的图卡，兴趣极高，有一种拆礼物的兴奋感，在和同伴的合作下，迫不及待地从四个盒子里取出了图卡。经过讨论和排序后，故事也就拼出来了，两位小朋友一起读道：“早上，妈妈在厨房做早饭。”相视一笑后，再次迫不及待地抽取图卡，拼凑故事。

【案例分析】

在本次案例中，教师通过投放故事碎片盒子，运用幼儿感兴趣的探宝方式，引导幼儿运用“某时间—某人—在某地方—做某件事”的句型，连贯、完整地多次进行语言讲述练习。在拼凑故事的过程中，幼儿十分兴奋，对于“某时间—某人—在某地方—做某件事”的句型的掌握也很有探究兴趣，能用连贯、完整的语言讲述故事并乐此不疲重复进行，活动中也有部分幼儿会出现将某人和在某地方顺序混淆的情况，在同伴的提醒下，能及时地进行修改。

◉ 教师指导：

《指南》中指出：要为幼儿创造说话的机会并体验语言交往的乐趣，能有序、连贯、清楚地讲述一件事。本次区域活动材料的投入，赢得了幼儿的喜爱，在愉悦的语言游戏中，幼儿逐渐掌握了时间、人物、地点、事件四个要素的组合方法。教师对于已经熟练掌握句型的幼儿，可定时更换故事碎片内容，增加游戏的趣味性，也可引导幼儿进行形容词的填充、扩句等练习，帮助幼儿逐步掌握完整表达故事的方法。

三、游戏整理环节案例

【案例一】 我是图书整理小达人（小班）

背景：选取在不同环境支持下，同一个图书角中幼儿的不同的整理行为，进行对比性阐述。

场景一：区域游戏结束的音乐响起，三位幼儿准备整理图书了，其中 A 幼儿看着书架说："这本书放在哪里呀？" B 幼儿听见了说："都可以，随便放吧。"说完他们就把手里的书放在书架的最上层就走了。书架上的图书，有倒放的，有封面朝里的，有堆叠在一起的，比较凌乱。

调整：在经过讨论后，教师对图书角书柜标识进行了调整，在图书的右上角及书柜对应位置贴上了幼儿喜欢的形状标识。

场景二：又到了区域游戏结束的时间，图书角中的 C 幼儿先看了一下书的封面，然后嘴里说着"长方形，找到啦"，接着就把书放在了书柜上标有长方形的位置上。

【案例分析】

从上述案例场景中，我们可以看出，A 幼儿和 B 幼儿有整理图书的意识，但是没有掌握合适的整理方法。而场景二中因为使用了书柜标记，幼儿在整理时有了可以遵循的方法。

◉ 教师指导：

1. 用一一对应的标识建立收放图书的规则。小班幼儿正处于感知一一对应的阶段，他们的思维直接具体，于是教师在书架上给每一本书找到一个"家"，给每一个"家"都贴上简单的形状或动物标识，相应的这本书的书角上也贴上一样的标识。

2. 通过行为示范，引导幼儿了解正确整理的方法。小班幼儿仍喜欢模仿他人的行为，所以教师依旧要注意行为的示范。教师在整理时将书轻轻地放在标识旁边。这些都会被幼儿看在眼里，记在心里，甚至跟着一起做，在不断模仿中让示范的行为逐渐成为幼儿自己的行为。

3. 互动式提问，迁移幼儿生活中的整理经验。教师可以运用提问的方式引导幼儿回忆自己如何按照标识排队，通过提示，激发幼儿从一个经验迁移到另一个解决问题的方法中。

【案例二】 整齐的书架（大班）

场景一：伴随着轻快的音乐，区域活动开始了，A幼儿径直来到图书区，选了一本书后就埋头看起来，从封面开始，一页一页地往下翻看，不一会儿就看完了。A幼儿开始去拿第二本书，第一本书则被他随意地扔在了书架上。飞快地翻完第二本书后，A幼儿依旧将第二本书随意地放在了书架上，转身去拿第三本书……区域活动结束后，书架上的书乱成一团。

调整：针对此现象，教师开展了《书宝宝的家》教育活动，通过情景带入、观察讨论、动手操作和整理能手大比拼等游戏环节引导幼儿探究发现对比图书的形状、大小和薄厚等特征的方式来整理图书，并在实际操作中掌握和提高整理图书的动手能力。在活动后和幼儿一同参与装饰读书区。

场景二：区域活动时，阅读区的幼儿都在安安静静地阅读，A幼儿小声地提醒B幼儿："你要慢慢翻书，才不会弄坏书宝宝。"区域活动结束后，A幼儿蹲在书架旁边一脸自豪地对B幼儿说："你看，我排列得整齐吗？我是按照书的薄厚整理的。"B幼儿见状也骄傲地说："我排列得也很整齐，我是按照书的大小排列的，大大的书在里面，小小的书在外面。"书架上的图书变得整整齐齐，最上方的装饰笑脸仿佛也在夸奖小朋友们呢！

【案例分析】

在上述案例场景中，大班幼儿能进行自主阅读，会安静地观看，看到精彩的内容也会跟旁边的小朋友一起分享，这个过程不仅提高了幼儿的阅读能力，同时也发展了幼儿的交往能力，但大多数幼儿都没有整理物品和书架的好习惯，导致阅读区的书总是凌乱不已，甚至有些图书已经是"伤痕累累"了。《纲要》中指出：要引导幼儿观察和发现按照一定规律排列的事物，体会其中的秩序和美，并尝试自己创造出新的排列规律。教师通过集体教育活动引导，将幼儿快速带入"书宝宝的家"的情景，引导幼儿自主探究发现整理图书的技巧，通过对比图书的形状、大小和薄厚等特征的方式来整理图书，养成整理物品和图书的好习惯，同时提高整理物品的动手能力。

◉ 教师指导：

1. 大班幼儿能通过观察、比较和分析，发现不同物体之间的特征或某个事物前后的变化，他们能根据物体外部特征给物体分类，于是教师通过创设情景，引导幼儿主动探究发现图书整理的不同方式，让幼儿充分发挥自我能动性，按自己的发现去整理图书。

椅子排号记录单

2. 大班幼儿仍喜欢教师的夸奖，在区域活动中，对于幼儿的良好行为和习惯，教师要及时鼓励。当幼儿爱护图书和整理书架的行为发生时，教师要及时表扬，让其行为逐步成为自发行为。

四、反思环节案例

【案例一】 绘本小剧场开演啦（大班）

游戏分享环节到了，剧场工作人员反映今天来看表演的人太多了，教师组织幼儿讨论如何解决这个问题，幼儿积极献计献策，有的说可以“找个单子写 1、2、3”，可以“拿椅子排队”，可以“在板凳上写上 1、2、3、4”。教师发给每个幼儿纸和笔，让幼儿把解决问题的方法画出来，幼儿画完以后，教师又邀请幼儿分享自己的方法。

方法 1：椅子排号。

幼儿 1：我画的是椅子，如果 1 号走的话，2 号就坐 1 号的椅子上，3 号就坐 2 号的椅子上。(教师拿出三张椅子，与幼儿 1 一起按她的方法用椅子摆了出来)

方法 2：叫号。

幼儿 2：先到那边去拿号，然后坐在椅子上，有人喊到你就过去，就可以进场，看演出。

【案例分析】

本案例中教师请幼儿用图画和符号表现小剧场排队的方法，给予每个幼儿通过图画和符号表达自己想法的机会，有利于丰富幼儿的相关经验。

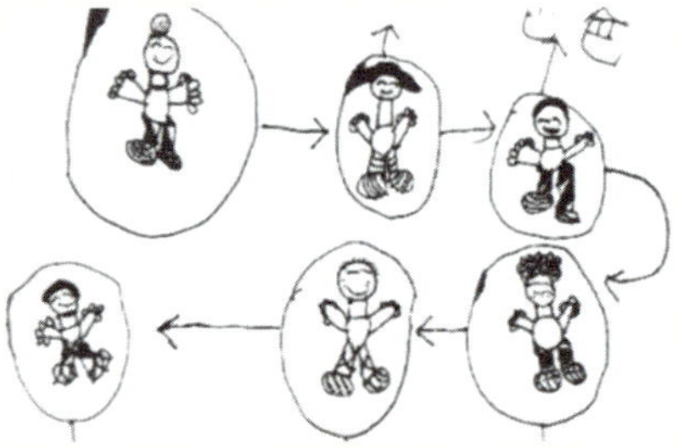

叫号记录单

◉ 教师指导：

1. 多给幼儿用图画、符号表达自己想法的机会。大班幼儿具有一定的符号经验，符号表征能力增强，愿意尝试用图画和符号表征事物。教师要根据幼儿的能力水平，给予幼儿运用经验尝试表征的机会，让幼儿介绍自己的表征方式，发展其符号表征的能力。

2. 鼓励幼儿尝试运用同伴的方法解决问题。在语言区活动过程中，有些活动规则或要求，教师用语言难以很好地进行阐释，为了避免教师直接干预告知幼儿解决的方法，抑制幼儿自主探究能力的发展，教师需要通过同伴示范的方式，帮助幼儿进行理解，从而更好地突破活动难点。

【案例二】　忘记了怎么办？（中班）

区域活动分享时间，A幼儿积极主动地举起手想跟幼儿们一起分享他在语言区的游戏。于是教师请他来到幼儿们前面，他一脸开心地大声说道："我今天在语言区游戏了，我看了一本很好玩的书，书里面有一个特别爱吃书的可怕怪物。"说完就要回座位，教师赶忙问道："那个吃书的怪物长什么样子呀？又发生了什么有趣的事情呢？"A幼儿想了一下却说："嗯……我忘记了。"针对这种现象，教师组织幼儿们讨论面对这种记不清楚分享内容的情况应该如何解决。幼儿们纷纷积极发言，有的说："我知道我知道，小朋友可以拿着书边看边分享，这样就不会忘记了。"有的说："我们还可以把故事内容画下来。"有的说："可以和好朋友一起阅读，然后表演给大家看，这样就不会忘记了。"结合幼儿们自己想出来的办法，教师在语言区设置了"分享小秘籍"展示板，并让幼儿们把解决问题的方法用简单的线条和图案画到纸上。幼儿们画完以后，教师将画纸粘贴在"分享小秘籍"的展示板上，对幼儿进行分享方法提示。

【案例分析】

《纲要》中指出：中班幼儿能用图画或其他符号进行记录。本案例中教师请幼儿用图画和符号将记住故事情节的一些小秘籍记录下来，这为幼儿提供了发散思维、积极动手的机会。幼儿在动脑动手的过程中，对于问题答案有了更深的理解和印象，丰富了幼儿的相关经验积累。同时该活动为幼儿提供了为集体表现的机会，在活动中大家都积极想办法，当看到"分享小秘籍"展示板上有自己的作品后，会产生一种为集体成绩贡献力量的成就感，从而萌发幼儿的集体荣誉感。

◉ 教师指导：

1. 体现以幼儿为主的教育理念，将问题交给幼儿，引导幼儿用图画、符号等方式积极动手动脑寻找问题的答案。

2. 鼓励并认真对待幼儿的问题，引导他们猜一猜、想一想，多方面支持和鼓励幼儿的探索行为。

3. 为幼儿提供集体活动的机会，吸引和鼓励幼儿参加集体活动，萌发集体意识。

【案例三】 我的书架我做主（小班）

又到了区域活动分享时间，每个区域的小朋友都在积极分享自己的游戏活动，只有语言区的 A 幼儿在一旁闷闷不乐，教师见状问道："你在语言区看了什么书呢？能不能跟小朋友们一起分享一下呢？" A 幼儿看了一下教师，小声地说："我没有看书，我用书玩了望远镜的游戏。"教师接着问道："原来你玩了其他的游戏，那你玩游戏之前，有没有看一下书里面有什么好玩的故事呢？""可是里面的字我不认识。"……经过回想教师发现语言区活动的孩子越来越少了，有时有一两个孩子，有时甚至没人愿意去，即使去了也坐不住。究竟是哪里出现了问题呢？于是教师及时组织幼儿进行了讨论，A 幼儿说："里面的字太多了，我也都不认识。" B 幼儿说："我喜欢奥特曼的书！可是我们的书架上没有。" C 幼儿说："我不喜欢自己看书，我喜欢洋娃娃陪着我一起看。"小朋友们似乎有许许多多的想法，于是教师问道："那你们觉得我们的语言区应该做些什么改变才能吸引你们的兴趣呢？"

A 幼儿说："书里如果有好看的图画就好啦！"

B 幼儿说："我想把家里的奥特曼书带到学校看。"

C 幼儿说："我想让洋娃娃陪我一起看书！"……

教师结合小朋友们的意见，将语言区进行了重新整理。

【案例分析】

《纲要》中指出：鼓励幼儿自主决定，独立做事，增强其自尊心和自信心。本案例中教师针对语言区出现的情况，请幼儿大胆地表达自己的想法并积极动脑参与解决问题，为幼儿创造了说话的机会并体验到了语言交往的乐趣，充分体现了幼儿的主体地位。在参与讨论的过程中，幼儿对于语言区的材料投放有了更深刻的理解和参与感，激发了幼儿参与改造的积极兴趣，丰富了幼儿的相关经验积累，对后期的语言区活动开展也奠定了良好的基础，同时发展了幼儿的语言表达能力和解决问题的能力。

◉ 教师指导：

坚持幼儿在前、教师在后的教育理念，将问题交给幼儿，认真对待幼儿的问题，真诚地接纳、多方面支持和鼓励幼儿的探索行为。针对上述情况，结合幼儿想法，教师可对语言区进行以下改造。

1. 在语言区投放多画面少文字且色彩鲜艳、图案夸张的绘本，同时引导幼儿仔细地观察画面中人物的动作、表情，理解画面内容，做到从头到尾都要仔细阅读，以提高他们的阅读能力。提示幼儿阅读整本书后要进行复述，能讲出故事的大致意思，逐步培养幼儿独立阅读的能力。

2. 培养幼儿与同伴共同阅读的兴趣，鼓励他们相互合作和交流，共同分享书中的快乐，从而提高他们参与阅读的积极性。

3. 提供丰富的游戏材料。如故事盒，在一个盒子里为幼儿准备多种动植物立体插图，让幼儿自编自导，边插边讲。

4. 投放一些幼儿自带的有趣图书，引导幼儿为大家讲述，帮助大家阅读，这对于带图书和听故事的幼儿都会有很大收获，熟悉的故事情节是他们主动阅读的前提和契机。

5. 在区域中投入毛绒玩具、木偶，让幼儿之间能互相扮演，进行语言的锻炼。

第七章 自然联结 融合共生

——语言区活动与其他活动的融合

本章简介

语言能力是在反复运用和相互交流中得到发展与提升的。本章主要阐述了语言区活动与主题活动、生活活动、户外活动、教学活动的融合，从融合的原则、注意事项、策略和案例等方面进行详细分析。

思维导图

- 语言区活动与其他活动的融合
  - 语言区活动与主题活动的融合
    - 融合的原则
    - 融合的注意事项
    - 融合的策略
    - 融合的案例
  - 语言区活动与生活活动的融合
    - 融合的原则
    - 融合的注意事项
    - 融合的策略
    - 融合的案例
  - 语言区活动与户外活动的融合
    - 融合的原则
    - 融合的注意事项
    - 融合的策略
    - 融合的案例
  - 语言区活动与教学活动的融合
    - 融合的原则
    - 融合的注意事项
    - 融合的策略
    - 融合的案例

第一节 语言区活动与主题活动的融合

《指南》中明确指出："幼儿的语言学习需要相应的社会经验支持，应该通过多种活动扩展幼儿的生活经验，丰富语言的内容，增强理解和表达能力。"幼儿语言能力不仅可以在平时的游戏活动中养成，也可以在与其他活动的融合中发展。

一、语言区活动与主题活动融合的原则

（一）前置性原则

语言区活动和主题活动在融合过程中应该形成良性互动，语言区活动能为主题活动的开展奠定一定的基础，为幼儿进入主题活动提供丰富的经验与知识储备。例如，在开展小班主题活动《我的动物朋友》前，可在语言区投入相关的动物绘本、动物视频或动物音频故事，将主题活动所需的经验前置于语言区活动中，让语言区

活动目标与主题活动目标趋于一致，为主题活动的顺利开展作铺垫。

（二）同一性原则

随着课程游戏化理念的不断深入，游戏成为一日活动的基本形式，各类游戏活动的开展旨在促进幼儿个性发展，体现教育目标与目的的同一性。而语言区活动与主题活动的融合是基于幼儿的经验水平和主题活动开展的需要，将个性学习与集体学习相结合，成为互相渗透、优势互补的有机整体，这不仅有利于幼儿语言的发展，也促进了幼儿社交能力、共情能力、解决问题能力的提升，是区域活动与课程整合的重要体现。

（三）互补性原则

语言区活动与主题活动在目标制定、内容确定上要充分考虑幼儿的身心特点与学习特点。在主题活动实施中，语言区活动作为区角活动之一，要主动融入主题活动中，以有效推动主题活动的顺利开展。一方面，语言区活动为幼儿顺利进入主题活动提供了丰富的知识与经验，成为主题活动的资源库。另一方面，主题活动结束后，部分幼儿的兴趣不减，则可以延伸到语言区活动中，成为主题活动生成的一部分。如看完绘本《蚂蚁和西瓜》后，幼儿对蚂蚁喜欢吃什么、蚂蚁是怎么挖洞的、蚂蚁生活在哪里等产生了兴趣，于是生成了项目活动《嘿！蚂蚁》，通过对蚂蚁的观察、探究、饲养等活动，逐步了解蚂蚁的生活习性，在整个活动中幼儿的语言表达能力、逻辑辩论能力、绘画表征能力等都得到了较好的发展。

（四）适宜性原则

适宜性是指教师在制定语言区活动目标和主题活动目标、确定语言区活动内容和主题活动内容时都要充分考虑幼儿的年龄特点、学习特点、知识经验等，使游戏活动贴近幼儿的身心特点。适宜性原则充分表明了幼儿自身特点和需要对教育目标、内容、方法等的影响，适宜的目标幼儿能够达成，适宜的内容幼儿容易理解，适宜的方法幼儿能够接受，只有适宜的才是最好的。

二、语言区活动与主题活动融合的注意事项

主题活动是一种整合性的活动，而语言区活动是实现主题教育目标的重要途径之一。同时，主题活动能引领语言区活动的开展，两者相辅相成，共同成就。

（一）注重幼儿身心特点，促进幼儿语言发展

鉴于幼儿的身心特点与年龄特点，语言区活动与主题活动融合需以发展幼儿语言能力阶段性目标为准则，投放与主题活动相关的质量上乘、图案美观的故事、绘本等图书材料和可以观看、收听的视音频材料，以促进幼儿的语言发展。

（二）避免目标割裂或忽视铺垫作用

语言区活动目标和主题活动目标应该统一起来，为幼儿全面而有个性的发展提供保障。在很多班级里，语言区活动与主题活动关联较少、融合较浅，仅持续一段时间，甚至彼此独立，未能明白两者相辅相成的关系。在实际的教学实践中，部分教师没有把语言区活动作为主题活动的先行者，仅仅把语言区活动作为主题活动的延伸或拓展，未能充分发挥语言区活动的前置与铺垫作用。

（三）避免单向融合，关注幼儿间差异

在实际的教育活动中，语言区活动只是作为一个区角游戏活动，本身没有被赋予更多的主题教育价值，只发挥延伸和深化作用，是单向融合，没有更深层次地去和主题活动相融合。

在主题活动进行中，教师应该充分考虑幼儿的兴趣、需要和水平，根据主题活动的需要，在语言区活动中尽量创设一个能让幼儿自主探究、个性经验积累的空间和环境。

三、语言区活动与主题活动融合的策略

（一）小班

1. 来源于生活，内容简单易懂

小班语言区活动的布置倾向于像家一样的温馨氛围，环境、布置、格局等都有生活气息，语言区活动和主题活动应积极利用幼儿的生活经验，与幼儿生活经验相符，这样才易于游戏与活动的进行。

2. 创设适宜情境，符合身心特点

小班幼儿处在身心发展期，创设适宜的情境有利于幼儿多通道感知。如在开展《我和我家》这一主题活动前，将语言区布置成家的环境，增加小沙发、小圆桌、抱枕等，增加有关家、家人、在家做的事等绘本及视频、音频故事，在主题开展前让幼儿通过视觉、听觉等形式了解“家”，激活幼儿已有生活经验，从而助推主题活动的开展。

（二）中班

1. 与主题协调一致，动态调整

在语言区活动与主题活动融合过程中，一方面可以把语言集体教学活动中的看图讲述图片、头饰、手偶等投放进去，使材料与主题活动保持一致；另一方面鼓励幼儿自己动手制作故事表演中的相关道具、手偶、图书等，这样能使活动区的材料更加丰富多彩，为游戏开展提供良好条件。

2. 与区域价值一致，整体融合

语言区活动与主题活动各有价值，旨在提升幼儿经验。两者的价值应是一致的，主题活动内容可延伸至语言区活动，语言区活动可辅助主题活动的开展，尽管形式不同、措施不同、内容不同，但最终目的是相同的。只有整体融合，方能更好地开展各种形式的游戏与活动，促使幼儿生发语言新经验。

（三）大班

1. 创设全语言环境，注重全面发展

对于大班幼儿来说，在寻找融合的切入点和路径的基础上，需要关注活动组织和实施过程中幼儿发展的共性与个性需求，观察幼儿之间发展的差异性，做到因材施教，真正发挥幼儿园课程的整体育人功能，促进每个幼儿生动、活泼地发展。

2. 提供有层次的材料，注重差异发展

大班语言区活动应与主题活动紧密相连，应注重幼儿间的差异性，提供有层次的材料。如在前书写区，可以提供各种笔、纸张等书写工具，让幼儿根据自己的能力与爱好进行前书写，写字、画字、表征都可以。

四、语言区活动与主题活动融合的案例

中班案例：我们来表演吧！

陈亚楠、高雨晨和张知行走到了语言区的故事表演区域。高雨晨说："我们来表演昨天的《神奇雨伞店》，好不好？"陈亚楠说："这个故事我都没听过，是怎样的？"张知行说："我也没听过。"高雨晨说："那我来给你们讲一讲这个故事吧！"说着便拿出《神奇雨伞店》这本书跟大家讲了起来。

"有一天，一只小猪看见一家神奇雨伞店里有一把神奇的雨伞。这把雨伞上面有什么，打开之后就有很多跟伞上图案一样的东西落下来，可神奇了……"高雨晨一页一页耐心地为自己的同伴讲解着故事的内容。陈亚楠和张知行听完后说："哇！这把雨伞好神奇啊！我也想拥有。"张知行说："我知道故事的内容了，我们来表演吧！"高雨晨说："那我们来分配角色吧！我来演小猪和小白兔。"张知行说："行吧，那我演大灰狼吧！"

大家安排好角色后便开始表演了。张知行说："狸猫，神奇雨伞到底有什么特别的地方？"高雨晨说："这是一把很神奇的伞。"张知行说："不对，你应该说只要一撑开这把伞，就会发生神奇的事情。"不一会儿，故事便演到结尾了。

幼儿共读绘本、表演绘本故事

第二节 语言区活动与生活活动的融合

一、语言区活动与生活活动融合的原则

（一）生活化原则

《指南》中明确指出：“幼儿的语言能力是在交流和运用的过程中发展起来的。应为幼儿创设自由、宽松的语言交往环境，鼓励和支持幼儿与成人、同伴交流，让幼儿想说、敢说、喜欢说并能得到积极回应。”幼儿语言能力需要在不同生活场景中锻炼，而幼儿园一日生活活动包含来园、盥洗、进餐、喝水、如厕、自由活动、午睡、离园八个环节，占据幼儿在园生活的一半时间，教师需要有目的地依据各生活环节所隐含的教育价值来了解幼儿的语言运用水平与经验，将语言区活动目标与生活活动目标进行整合，依据本班幼儿的生活经验与语言经验，对语言区活动内容进行科学选择、整合开发和趣味实施。如在大班自主用餐时间，在等待用餐时，值日生可根据当日的食谱进行菜品介绍，这样既发展了幼儿的表达能力，又凸显了生活活动的教育价值。

（二）情境性原则

幼儿的身心特点和形象思维特点决定了幼儿的学习具有情境性，因此要在情境中发展幼儿的听、说、读、写能力。如柔和的光线、舒适的沙发与靠垫、有趣的绘本、安静的空间等，能够激发幼儿看看、说说的兴趣；又如为帮助小班幼儿掌握穿脱裤子的能力，教师在语言区投入相关图书、视频等，还教幼儿唱关于脱裤子和穿裤子的儿歌，幼儿一下就学会了穿、脱裤子。

（三）渗透性原则

将语言区活动渗透于一日生活活动中自然进行，将生活活动作为幼儿语言经验的储备。在幼儿园一日生活活动中，教师应该引导幼儿观察身边的事物，积累一定的词汇和语言学习经验，多鼓励幼儿用自己的语言描述身边的事物，提升语言表达能力。例如，为让幼儿养成正确的“七步洗手法”，教师可结合语言区中的绘本《我不要洗手》及动画视频《七步洗手法》中的儿歌，帮助幼儿学会“七步洗手法”，增加盥洗的乐趣。

（四）发展性原则

幼儿教育的最终目的是为幼儿提供发展途径，使幼儿既获得当前的发展，又有利于幼儿的长远发展。当然，发展不仅仅指知识的丰富，还包括能力的提高、情感态度的改善及良好行为习惯的培养。生活是幼儿语言的源泉，让语言运用于生活中，在反复利用、相互交流中提升语言能力，而语言也是幼儿交流、交往、表达、理解等一切活动的基础。

二、语言区活动与生活活动融合的注意事项

（一）与生活割裂，缺乏情境性

幼儿的语言能力是在运用的过程中发展起来的，传统的语言教育以教材、教师为中心，将幼儿的语言发展与日常生活隔离开来，注重知识的灌输，忽视语言与生活的联系。很多幼儿园的语言区活动与生活活动是割裂的，没有交集，没有关联性，而幼儿的语言运用是在实际的语言交流中实现的，因此，在幼儿日常生活中，真实而丰富的生活情境能让幼儿学习运用相应的语言交流方式来与人交往、交谈，表达自己的想法。

（二）内容不相融，缺乏联系性

生活活动中，教师的指导与幼儿的互动体现在注重幼儿语言表达的规范性、鼓励幼儿使用和扩展口头语言、鼓励幼儿与同伴交流与互动，而生活活动中的规则、习惯、方法等都需要语言的辅助，两者相辅相成，共同促进幼儿的成长。例如，为帮助幼儿习得某种技能或形成某种习惯，教师可以在语言区活动中提供相关的故事绘本、视频、音频等材料，从而起到较好的促进作用，但两者内容的不相融则会失去这一作用。

（三）避免语言单一，缺少新词汇

在平时工作中，部分教师在生活活动中所使用的语言往往比较单一，多是重复一些要求或指令类的语言，很少使用新的词汇来描述幼儿的想法或表现。当幼儿出现不准确的发音时，教师也较少给予纠正，这都在一定程度上削弱了生活活动对幼儿语言学习的教育价值。教师可根据幼儿的年龄特点，在语言区投入相应的图书，如《拉粑粑》《大家来喝水》《肚子里有个火车站》等，丰富幼儿词汇，让幼儿在生活活动中有更多机会按照自己的想法和愿望自由进行对话交流，从而促进语言运用能力的发展。

三、语言区活动与生活活动融合的策略

（一）小班

1. 树立“生活就是教育”的意识

杜威说过：“教育应当是生活本身，而不是生活的准备。”树立生活就是教育的理念，强调语言是在生活的运用中发展起来的，是生活、生长和经验的再创造，离开生活，语言教育显得苍白无力、没有生气。所以，教师不仅要通过语言区活动来发展幼儿的语言能力，还要在一日生活的各种活动中渗透语言教育。

2. 创设支持性的语言区环境

幼儿的语言是在与周围人的交往中发展起来的。创设支持性的语言区环境，首先要为幼儿创设一个宽松自由的语言交往环境，支持鼓励幼儿与成人、同伴交往，体验语言交流的乐趣。其次可根据生活活动的需要投放相应的材料，如为减少新生入园的焦虑，可在语言区活动中投放相关绘本与视频，像《幼儿园像我家》这样的儿歌视频，形象直观、朗朗上口、浅显易懂。最后，还要为幼儿提供畅所欲言的机会，这是语言教育的关键，在宽松的氛围中，采用生动活泼的教育形式，启发幼儿的联想和想象，支持和引导幼儿表达愿望，让幼儿畅所欲言，能够在潜移默化中提升幼儿的语言能力。

（二）中班

1. 注重内容的融合，凸显服务生活的旨意

语言区活动与生活活动融合不在于形式的融合，而在于内容的深度融合，凸显服务生活、提升幼儿生活经验的作用。如晨间入园活动是一天活动的开始，是观察幼儿入园情绪的良好机会，为了给幼儿一个欢乐的开始，教师可以让幼儿自由选择问好仪式，可以拥抱、亲吻、手势、舞蹈等，也可以是语言问好。

2. 关注个别活动，提升幼儿语言经验

与集体教学活动相比，生活活动具有低结构性、情境真实、教师与幼儿个别互

动机会较多等特点，为幼儿语言学习提供了有利条件。在生活活动中，如果教师能够运用多样化的语言与幼儿进行对话交流，将相对复杂的语言与幼儿熟悉的语言联系起来，那么幼儿则可能在教师的语言示范下习得新的词汇和语言表达技能。

（三）大班

1. 发挥语言示范作用，促进幼儿语言发展

教师在与大班幼儿交流时应当使用多样性的词汇，并能够做到把这些词汇与幼儿熟悉的词汇或想法联系起来，在生活活动中提供高质量的语言示范，创造机会让幼儿使用他们所掌握的语言，激发幼儿主动地、创造性地使用语言，从而促进幼儿的语言学习与发展。

2. 合理使用规则，尊重幼儿的话语权

在生活活动中，幼儿对人际交往与情感交流有一定需求与渴望。然而在幼儿园生活活动中，如不许随意讲话、保持安静等规则，既限制了幼儿与教师和同伴之间通过语言和非语言进行交流与分享，也抑制了幼儿开展语言交往的主动性和积极性。

四、语言区活动与生活活动融合的案例

小班案例：学穿衣服

天气逐渐转冷，为提高小班幼儿的自理能力，教师结合绘本故事《小手手　出来了》、家长微信群打卡、游戏活动辅助等形式，让幼儿学会穿、脱衣服。

一天中午，起床音乐响起后，乐乐睡眼蒙眬地坐了起来，两手揉了揉眼睛，老师将乐乐的卫衣放在她面前，摆好前后位置，乐乐拿起衣服找到领口洞，抓住衣服的下边将衣服往头上套，边套边用手将衣服往下拉，边拉边说："头头出来了！头头出来了！"说完脸上露出了开心的笑容。接着，弯起右手伸进了衣服，边用力伸手边说："小手出来了！小手出来了！"然后，弯起左手伸进了衣服，边伸手边说："小手出来了！小手出来了！"见两只手都出来了，连忙拿起外套，开始穿起来。

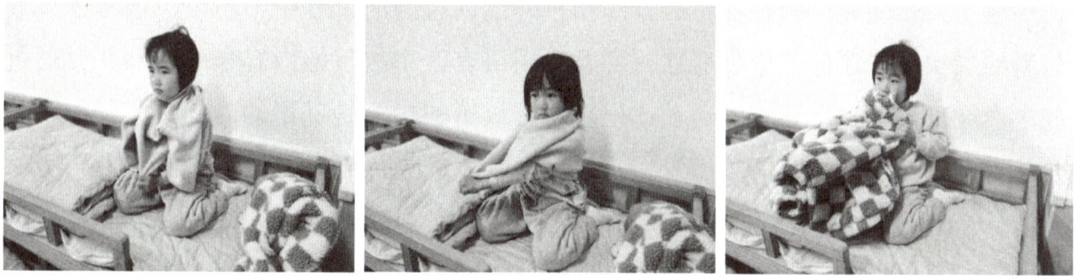

幼儿起床穿衣服

第三节 语言区活动与户外活动的融合

幼儿园各活动领域的内容要有机联系，相互渗透。语言区活动和户外活动虽是两个不同的活动领域，但是两者却有着紧密的联系。在自然环境中，以幼儿运动为主，有效融合语言区活动，以绘本故事为载体，依托故事中可利用的情节和内容，生成适合幼儿发展的户外活动，让户外活动与语言区活动相得益彰。

一、语言区活动与户外活动融合的原则

（一）小班

对小班幼儿而言，在户外活动中，提供简单易操作的材料、创设良好的活动环境会让其更有兴趣。如绘本故事《动物运动会》中，教师根据故事情节设置森林运动会的情节场景，幼儿可以学海狮顶球、学大象走平衡木、学河马钻圈……幼儿仿佛就是故事中的角色，和小动物一起运动，从而在游戏中发展走、跑、钻等动作技能。

（二）中班

对于中班幼儿，教师要捕捉幼儿的兴趣点和即时的需要，把握教育契机，挖掘语言区中故事的价值，选择适宜开展户外活动的故事情节和内容。教师通过和幼儿共同阅读故事、了解故事内容，挖掘故事中幼儿感兴趣的、可用于户外活动的情节和内容。例如《汤姆骑自行车》绘本，教师在与幼儿共同阅读后，可以挖掘出适合户外活动的骑行活动，并通过讨论形成适合户外活动的故事情节，发展走、跑、骑行等动作技能。

（三）大班

对于大班幼儿，教师在将语言区和户外活动融合的过程中，不仅应该考虑投放材料的层次性，还应考虑创造性，可以运用语言区中故事的内容来引导幼儿，通过故事表征来设计自己喜欢的运动过程。这些故事的内容是基于幼儿的真实经历，幼儿从自己的运动经历与场景出发，研究探索设计自己的运动计划和内容。

二、语言区活动与户外活动融合的注意事项

户外活动是调节幼儿情绪，带领幼儿正确认识自我不可缺少的过程。作为教师，

如何引导幼儿爱上户外活动并吸引幼儿自主参与到户外活动中来是至关重要的。在户外活动时，教师要判断其中所反映出的语言教育目标，运用合适的方式，引导幼儿充分体验并了解蕴含在其中的具体知识，感受有趣的语言与故事情节。

（一）小班

对于小班幼儿来说，语言区活动和户外活动融合时，首先要注意确保活动的安全性，其次要注意活动的趣味性。活动内容的选择和规则的制定等都要从幼儿的安全出发，要根据语言区的内容及场地、玩具的特点，将活动内容游戏化，增加情节、角色等，从而提高幼儿活动的积极性。

（二）中班

对于中班幼儿来说，在语言区活动和户外活动融合的过程中，教师应该注意融合后活动的目的性、材料的多效性，避免活动组织随意而使活动时间得不到保证；同时，教师应该是活动的引导者、指导者，而不是观望者。教师要根据师生共同设计的情节内容，选择合适的场地和材料，有目的地引导幼儿进行户外活动。

（三）大班

对于大班幼儿而言，在语言区活动与户外活动融合的过程中，教师应该注重融合的有效性和自主性，给予幼儿充足的自由活动时间，营造宽松的自主游戏环境。幼儿可根据自己的喜好和现有语言发展水平选择玩哪种类型的游戏，或和同伴商讨创设新的游戏。教师在幼儿参与户外自主游戏时，需要观察幼儿的“最近发展区”，与幼儿进行有效交流，明确幼儿喜欢并适合哪一方面的户外游戏，进而有目的地引导幼儿共同丰富户外游戏的玩法。

三、语言区活动与户外活动融合的策略

幼儿园户外活动中蕴含着丰富的教育价值与契机，教师应以语言区为载体，融合生成适合幼儿发展的户外活动，让户外游戏与语言区域游戏相得益彰。另外，将语言区活动融合到户外活动中，可促进幼儿各项能力的发展。

（一）小班

1. 因地制宜，让自然事物“活”起来

良好的户外环境对幼儿参加户外活动有着重要的意义，户外环境中的树木、道路、草坪等许多自然物，还有风、雨等自然现象，甚至自己的影子都可作为学习的载体。例如，在读完绘本故事《影子是我的好朋友》后，教师可以带领幼儿到户外和“影子”一起运动，找影子、玩手影等，或利用自然光影游戏，将绘本中的情节互动起来，使户外活动更加有趣。

2. 合理安排，让活动内容“活”起来

语言区中的活动较多，对于小班幼儿而言，在将语言区活动与户外活动融合时，不仅可以选择故事内容，还可以选用更加简单易操作的游戏，丰富户外活动的内容。比如说丢手绢、炒毛豆等游戏，在朗朗上口的儿歌朗诵中，锻炼幼儿跑、跳、翻等动作技能。

（二）中班

1. 深入挖掘，让活动材料“活”起来

材料是幼儿户外活动的物质载体，在开展融合活动时，要深入挖掘、选择适宜的、丰富的活动材料，使幼儿在自己的最近发展区上得到提高。例如，中班幼儿动作技能有所提高，可以投放多功能或是半成品材料，增加难度，让幼儿通过自己的努力获得成功的体验。

2. 注重差异，让活动形式“活”起来

将语言区活动与户外活动融合的同时，教师还要考虑到幼儿的个性差异性。在活动中，教师应树立“以幼儿为本”的教育观念，尊重幼儿的想法，放手让幼儿自己想出游戏玩法。同一个目标，可以选择不同的活动形式和材料来达成，在活动时以幼儿的实际需求为核心，共同设计出不同形式的活动。

（三）大班

1. 互动引领，让活动情节“活”起来

语言区的魅力在于拥有众多的绘本和故事，而绘本和故事一样是可以改写、续编的。教师应该利用绘本，支持幼儿根据已知的情节，充分发挥想象力，大胆猜测后续可能发生的故事情节，并且续编后续内容，从而设计出别出心裁的户外活动。某大班幼儿在阅读了《兔子先生去散步》后，将各种标志收集起来，设计了《兔子先生去散步别传》自制绘本，并且在户外活动中创设了故事情节，改变游戏的规则、玩法，自创绘本情节新玩法。

2. 循序渐进，让活动空间“活”起来

在将语言区活动与户外活动相互融合时，需要拓展幼儿自主创设游戏的空间，让幼儿的活动空间“活”起来。幼儿在参与户外游戏时，教师需要观察幼儿的经验现状，提供充足的时间和空间满足他们的操作需要，进而启发幼儿探索和发掘材料的新玩法，拓展户外活动的空间。例如，在绘本《校园运动会》中，幼儿根据绘本内容开展了球类、田径、射击等活动，当活动进入一定阶段时，恰遇中国共产党成立 100 周年大阅兵活动，教师引导幼儿将活动与阅兵结合在一起，增加活动难度，鼓励幼儿设计新的活动模式。

四、语言区活动与户外活动融合的案例

中班案例：自行车骑行记

（一）初次骑行，感知路况

班级里优优小朋友带来一本绘本《自行车城市》，幼儿们纷纷挤在一起阅读，好奇地感叹自行车城市里还有这么多有趣的事呢！在一次午间散步的时候，幼儿们发现之前的骑行场地有了变化，幼儿们你一言我一语地讨论起来：在这条窄窄的路上，我们要怎么开展骑行活动呢？哪里作为起点？哪里作为终点？骑到哪里转弯掉头呢？面对这些问题，教师组织幼儿们开始了第一次骑行，感受实地路况。

（二）自由分组，设计路线

通过实地骑行，幼儿们有了心目中的骑行路线，于是教师让幼儿们把心中所想通过画画的方式来告诉大家。幼儿们自由组成 7 组，设计并分享了骑行路线图，并投票选出了最合适最安全的路线。

幼儿第一次骑行新场地

讨论摆放终点标识

（三）奇思妙想，制作材料

大家想一想，骑行除了需要路线图之外，还需要什么呢？对，还需要指挥交通的交警，需要一些交通指示牌，需要红绿灯，等等。幼儿们七嘴八舌地说着，那不如动手做一做吧。

幼儿设计的骑行路线图

幼儿梳理的骑行需要的材料

（四）材料做完了，那么交警选谁呢?

竞选小交警引起了幼儿极大的兴趣，幼儿们纷纷想当小交警。那就先来学习一下交警叔叔的手势吧！通过看视频，幼儿学习交警叔叔的指挥手势，每个有意向的幼儿都可以上来竞选，最后选出了一位神气的女交警。

幼儿竞选交警图片

女交警现场指挥

第四节 语言区活动与教学活动的融合

语言区活动和教学活动都有自己的优势，同时又有各自的局限。当语言区活动与教学活动之间缺乏足够的内在有机联系时，幼儿所获得的各种经验之间是相互孤立、相互割裂的。因此，只有将语言区活动和教学活动有机融合，才能使两者优势互补、相得益彰，共同促进幼儿的发展。

一、语言区活动与教学活动融合的原则

（一）小班

小班幼儿年龄较小，直观性、情境性的区域环境更能给他们一种轻松、自由的学习氛围，从而更能使他们感受到语言游戏的快乐。比如小班《我爱我家》活动之后，教师将语言区创设成家庭的氛围并投放家庭照片，幼儿在游戏中找到自己一家人的照片，看看说说，自然而然减少了焦虑，也学会了儿歌内容。

（二）中班

中班幼儿已经具有一定的语言表达基础，因此教师在将语言区活动与教学活动融合时要秉承规范性、支持性原则，规范幼儿的语言表达，通过对话、眼神、表情、动作等给幼儿一定的支持、鼓励、帮助，促进幼儿自主性学习，推进活动的发展。

（三）大班

要想使语言区活动与教学活动完美融合，幼儿必须成为活动的主体。幼儿在教学活动中不能只是被动地接受教师所教授的知识，而是应该能够主动地参与到活动中来。根据大班幼儿主体性、创造性原则，教师应该设置一些简单的小游戏，吸引幼儿参与进来，鼓励幼儿自己延伸、创造游戏的新玩法。

二、语言区活动与教学活动融合的注意事项

语言区活动与教学活动都是丰富幼儿语言经验、提升幼儿语言能力发展的重要途径。幼儿喜欢区域游戏，游戏是维持幼儿健康发展的根本动力。在语言区域中搜集生动形象的感性知识，能令幼儿更好地理解教学学习内容，创建个人经验和所学语言的联系，促进语言学习，在学习中收获快乐。

（一）小班

教师在开展教学活动或区域活动过程中，应该尽量让幼儿表达自己的意见，只有敢说、愿说，幼儿才能从根本上进行语言的输出。对于语言能力较弱的幼儿，教师要保持耐心，多给予鼓励和表扬，这样会让他们变得自信，也就更喜欢说话了。

（二）中班

教师要做到在教学活动之前就已经对每个步骤都做了详细的准备，包括如何提问、如何面对幼儿的突发状况等。更为重要的是，教师要会抓住教学活动中幼儿感兴趣的点，及时和幼儿一起演绎出适合的区域游戏活动，从而使幼儿的兴趣能持续延长，让游戏不再程式化。

（三）大班

大班幼儿经验较为丰富，为了让幼儿在游戏中全身心地投入，享受游戏带来的乐趣，实现身心健康发展，教师应改变自己心中对于教学活动和区域活动必须“井然有序”的观念，允许出现适当的“混乱”，保证幼儿在游戏中尽兴，这样幼儿才能在游戏里产生自己的想法并有所收获，这是判断语言区活动与教学活动是否有效融合的关键。

三、语言区活动与教学活动融合的策略

语言区活动作为幼儿园重要的区域活动之一，越来越受到重视。在语言区中不仅要为幼儿提供丰富多样的材料，创设宽松自由的氛围，还要加强语言区活动与教学活动的融合，促进语言区活动和教学活动之间形成互动、促进、整合的状态。

（一）小班

1. “前提融合”，语言区成为教学活动的基础铺垫

幼儿具有相关知识经验是教学活动开展的基础，所以教师不仅要考虑到幼儿的已有经验，更应该通过不同的方法手段来丰富幼儿的相关经验。例如，在小班语言活动《借尾巴》中，教师需要幼儿具有了解不同动物的尾巴及其作用的知识经验。因而，教师可以将与动物有关的图书、绘本提前投放到语言区中，让幼儿了解各种动物尾巴的特点。而幼儿有了相关的经验之后，就会增加他们对教学活动的兴趣，激发他们表达的积极性。

2. “生活融合”，生活内容与区域活动密切结合

小班幼儿年龄小，对家庭的依赖性强，因而教师可以将语言区活动与日常生活相结合。比如在语言活动《我的家》中，教师可以引导幼儿回忆“妈妈是怎么照顾宝宝的?”“妈妈是怎么哄宝宝睡觉的?”等日常生活细节，跟幼儿进行简单的语言交流。

（二）中班

1. “补充融合”，助推教学活动

在教学活动中，由于有时间限制，教师很难兼顾到个体差异。但语言区活动可以很好地弥补这个不足。例如，在中班语言区活动《会爆炸的苹果》中，教师引导幼儿想象小猪是用什么方法戳穿狐狸的诡计时，幼儿七嘴八舌纷纷表达自己的想法，但还有很多幼儿没来得及说。于是教师在语言区投放自制的空白小书，引导幼儿在小书上画下自己的想法，并和同伴相互交流介绍自己的想法。

2. “巩固融合”，关注幼儿能力差异

教学活动的内容大多考虑了幼儿的一般年龄特点，通常是点到为止，不能延伸拓展，这就很难兼顾到不同发展水平的幼儿。如何让每个幼儿都能达到自己的发展目标呢?教师可以将目标放在语言区中，通过讲一讲、演一演等方法，让每一位幼儿都能发展自己的语言能力，以此来巩固发展目标。

（三）大班

1. “拓宽融合”，巩固延伸教学活动

对幼儿的语言教育，在教学活动之外，还要给幼儿设置一个语言的大环境，可以是一日活动中的点点滴滴，也可以是一个相应的区域活动，这样才能让各个领域活动为语言教育提供有价值的素材，从而拓宽语言活动。例如，在大班《有趣的纸》活动后，幼儿发现用水彩笔在牛皮纸上画画感觉滑溜溜的，而且还不沾墨，但是在素描纸上就能留下黑黑的墨迹，于是找教师询问原因。教师就在语言区里投放

关于纸张的书籍及各种纸张，让幼儿进行阅读、观察和比较，升华他们在书本中获取的信息，从而发展语言表达能力和知识探究能力。

2. “生成融合”，根据幼儿自主发现的问题生成教学活动

语言区幼儿可能会对书中某些地方产生浓厚的兴趣，可能会在阅读中遇到困惑，也可能会对一本书因为有不同的理解而发生争执……面对这些情况，教师要及时抓住幼儿的兴趣点和疑难点，根据幼儿的问题与理解，结合他们的发展水平生成教学活动。例如，幼儿阅读完《母鸡萝丝去散步》绘本后，对“母鸡知不知道狐狸一直跟着它?”这个问题产生了争论，教师及时发现幼儿的问题，生成了《母鸡萝丝去散步》语言活动，帮助他们真正理解绘本内容，不断发现绘本中的新亮点。

四、语言区活动与教学活动融合的案例

大班案例：拥抱星辰大海，共筑宇航梦想

（一）缘起

天天从家中带了一本绘本《我要当宇航员》，小朋友们都想拿手中的书和天天交换着看。一天晨谈，教师和小朋友们聊起了最近的热门话题——神舟十三号，小朋友们很快七嘴八舌地讨论起来。

在谈话过程中，教师看出虽然小朋友们对航空、宇宙了解的只是一些碎片化信息，但是兴趣相当浓厚，于是，教师决定在集体阅读绘本的基础上结合时事，以神舟十三号的发射为契机点，设计一次有趣的太空旅行活动。

（二）收集与调查

1. 调查什么呢?

幼儿对调查表进行投票

要想组织关于太空旅行的活动，当然要先收集关于航空、宇宙的各种知识，但是宇宙那么大、那么神秘，我们要从哪些问题入手呢？于是教师和小朋友们一起展开了讨论……

讨论后，教师将小朋友们五花八门的问题归纳并设计了四张调查表——宇宙知多少、中国空间站、神舟十三号、宇航员的那些事儿，并请小朋友们自由选择自己最想了解的内容，并和爸爸妈妈一起进行调查。

2. 收集关于太空、航天的绘本

调查的同时请小朋友收集关于太空、宇航的绘本，小朋友可以通过和爸爸妈妈

一起看绘本找找自己想知道的答案。

幼儿收集的有关太空、航天绘本

幼儿在自主阅读

3. 调查结果分享会

没过几天，小朋友们纷纷带来了自己的调查表，教师请小朋友自己来介绍。大家都兴致勃勃地介绍了自己的调查结果，最后小朋友们从调查结果中掌握了更多的太空知识。

幼儿介绍自己的调查结果

航天博物馆

（三）新游戏的诞生

教师将小朋友们的调查结果用图文结合的方式整理成了三块展板，分别是“宇宙飞船发射过程”“宇航服的秘密”“我们的航天梦”，这些展板将航空最基础的一些知识以小朋友能看懂的方式呈现了出来。在集体活动和区域活动中，教师还对展板内容进行了讨论和知识巩固，在这个过程中，小朋友们的理解与接受能力有差异，并且男生可能对于这类知识更感兴趣。有部分小朋友掌握得非常好，能对着展板侃侃而谈；有部分小朋友则对展板内容不是很理解，并不能较好地用自己的话来讲一讲。

一次讨论之后，能说会道的平平说："老师！不如我来当讲解员吧，等区域活动的时候我就可以教他们了。"这是一个非常棒的想法，于是班级语言区多了一个新内容——航天博物馆，小朋友们互当小老师，玩得不亦乐乎。

参考文献

（1）戈柔．让幼儿的学习看得见［M］．上海：少年儿童出版社，2020.

（2）王佳．幼儿园语言区材料投放与指导策略［J］．幼儿教育研究，2016（4）：5-7.

（3）蔡琦馨，王小英．区域活动与幼儿成长［M］．长春：东北师范大学出版社，2010.

（4）王舒云．幼儿语言区域活动开展策略研究［J］．山西教育（幼教），2021（11）：57-59.

（5）赵洪莉．幼儿园语言区域活动现状及指导策略研究［J］．读与写（中旬），2021（12）：367.

（6）陈艳彬．让幼儿在戏剧主题式的语言区活动中学习与发展［J］．当代家庭教育，2019（11）：48.

（7）扎西拉措．如何利用区角活动提高幼儿的语言表达能力［C］．2020 年中小学素质教育创新研究大会论文集，2020.

（8）Bayberry. Create interesting large class language regional activities［J］. The road to success in composition：Research on education and teaching（Part 2），2018（11）：88.

（9）GR Jahed. On how to use regional corner activities to develop children's language ability［J］. Arts and Science Navigation（Educational Research and Practice），2019（4）：144.

（10）任晖．小班语言区域活动中材料的提供及引导策略［J］．时代教育（下旬），2021（7）：186-187.

（11）赵潇竹．幼儿园语言区域活动的个案研究［D］．沈阳：沈阳师范大学，2014.

（12）蒋俏钰．语言区活动中培养大班幼儿前阅读能力的尝试［J］．真情，2021（4）：22.

（13）宋菲燕．大班语言区活动“心情日记”诊断分析［J］．福建教育，2018（3）：54-56.

（14）赵凤娟．幼儿园语言区活动组织初探［J］．文教资料，2011（15）：60-61.

（15）周兢．学前儿童语言学习与发展核心经验［M］．南京：南京师范大学出版社，2015.

（16）张小翠．幼儿园班级规则教育：基于幼儿园日常生活活动的研究［D］．重庆：重庆师范大学，2011.

（17）袁媛．贵阳市S幼儿园大班阅读区教师指导行为的个案研究［D］．贵阳：贵州师范大学，2020.

（18）周隽琰．全语言教育理论指导下发展幼儿自主阅读能力的实践研究［D］．苏州：苏州大学，2017.

（19）王亚萌．幼儿园阅读区的多维建构与指导研究［D］．济南：山东师范大学，2017.

（20）于兴荣．幼儿园班级阅读区创设现状与策略的研究［D］．武汉：华中师范大学，2018.

（21）温文．幼儿园阅读区活动现状的研究［D］．太原：山西大学，2021.

（22）张曼．大班幼儿阅读区域活动中教师介入策略的个案研究［D］．重庆：西南大学，2021.

（23）颉彩云．基于儿童视角的幼儿园户外山坡区环境优化研究［D］．桂林：广西师范大学，2022.

（24）俞燕婷．语言区的建设与活动指导［J］．幼儿教育，2016（13）：43-46.

后 记

当我们完成《幼儿园区域创设与活动指导：语言区》这本书的编撰时，内心充满了感激。真挚地感谢那些无私奉献、积极参与编写的老师们，是你们的智慧和努力，为本书注入了生命力。在编写过程中，每一位老师都以极高的热情和责任心，对每一个细节进行深入探讨，确保内容的准确性和实用性。大家执着的敬业精神，是我们完成此书的重要支撑。

我们要向那些提供案例的一线教师们致以崇高的敬意——苏州市吴江经济技术开发区天和幼儿园的康丽君、倪莹莹、马仕萍、沈凤、钟琳、刘晴、沈燕、张月芬，苏州市吴江区震泽幼儿园的沈燕婷、朱佳岚、钮丽芳、李祎可、周诗雯、孟紫婷、张莉等，你们的实践经验是本书最宝贵的财富，正是有了你们在教育一线多年的实践与累积，我们才能够从中提炼出具有指导意义的案例。这些案例不仅为本书增色不少，更为广大教师提供了可借鉴的经验。

还要特别感谢敬爱的张晗教授，他提出“经验视野”理念，使本书各阶段探索经验得以有效提炼，并最终得以出版与大家见面。

此外，非常感谢苏州市吴江区教育局关心和支持我们的领导们，是你们的决策和推动，让本书的编写得以顺利进行，为我们的出版工作提供了强大的后盾。

“路漫漫其修远兮，吾将上下而求索。”未来的路还很长，我们将继续努力，为孩子们的语言教育贡献更多的力量。